Leitura e escrita em práticas socioeducativas

Coleção Pedagogia e Educação

- *A alegria de ser mestre* – Betuel Cano
- *A criança e o medo de aprender* – Serge Boimare
- *Alfabetizar letrando: uma experiência na Pastoral da Criança* – Bruno Carneiro Lira
- *As duas faces inseparáveis da educação* – José Maria Toro
- *Crianças impedidas de pensar* – Serge Boimare
- *Cultura, poder e educação de surdos* – Nídia Regina Limeira de Sá
- *Educação e cidadania: uma inovadora proposta de formação religiosa* – Alane de Lucena Leal
- *Educação inclusiva: práticas pedagógicas para uma escola sem exclusão* – Luzia Guacira dos Santos Silva
- *Educação infantil: projetando e registrando a ação educativa* – Circe Mara Marques e Simone Mundstock Jahnke
- *Gestão escolar e docência* – Casemiro de Medeiros Campos
- *Inclusão social na escola* – Antonio Efro Feltrin
- *O professor sociointeracionista e @ inclusão escolar* – Bruno Carneiro Lira
- *Os professores da escola pública e a educação escolar de seus filhos* – Rosemeire Reis

Série Formação continuada

- *O professor como formador moral: a relevância do exemplo* – José Penalva Buitrago
- *Ser professor e dirigir professores em tempos de mudança* – Lourdes Bazarra, Olga Casanova e Jerônimo García Ugarte

Solange Carvalho de Souza

Leitura e escrita em práticas socioeducativas

Dados Internacionais de Catalogação na Publicação (CIP)
(Câmara Brasileira do Livro, SP, Brasil)

Souza, Solange Carvalho de
  Leitura e escrita em práticas socioeducativas / Solange Carvalho de Souza. – São Paulo : Paulinas, 2014. -- (Coleção pedagogia e educação)

ISBN 978-85-356-3838-7

1. Adolescentes – Educação 2. Educação – Finalidades e objetivos 3. Pedagogia 4. Sociologia educacional I. Título. II. Série.

14-10231   CDD-371.82692

Índice para catálogo sistemático:
1. Adolescentes infratores : Pedagogia : Educação   371.82692

1ª edição – 2014
1ª reimpressão – 2015

Direção-geral: *Bernadete Boff*
Editora responsável: *Roseane do Socorro Gomes Barbosa*
Copidesque: *Ana Cecilia Mari*
Coordenação de revisão: *Marina Mendonça*
Revisão: *Sandra Sinzato*
Gerente de produção: *Felício Calegaro Neto*
Capa e diagramação: *Jéssica Diniz Souza*
Imagem de capa: *Fotolia – © artem_ka*

Nenhuma parte desta obra poderá ser reproduzida ou transmitida por qualquer forma e/ou quaisquer meios (eletrônico ou mecânico, incluindo fotocópia e gravação) ou arquivada em qualquer sistema ou banco de dados sem permissão escrita da Editora. Direitos reservados.

Paulinas

Rua Dona Inácia Uchoa, 62
04110-020 – São Paulo – SP (Brasil)
Tel.: (11) 2125-3500
http://www.paulinas.org.br – editora@paulinas.com.br
Telemarketing e SAC: 0800-7010081

© Pia Sociedade Filhas de São Paulo – São Paulo, 2014

Tempo virá.
Uma vacina preventiva de erros e violência se fará.
As prisões se transformarão em escolas e oficinas.
E os homens, imunizados contra o crime,
Cidadãos de um novo mundo, contarão às crianças do futuro,
Histórias absurdas de prisões, celas, altos muros,
de um tempo superado.

Cora Coralina

A meu esposo Silvano e a nossos filhos amados Camila e Cássio, que souberam valorizar esse processo com a paciência necessária, quando muitas vezes eu tinha perdido a minha.

A Carmem Craidy, por me propor um desafio. A meu pai Valtair, com quem aprendi a admirar o ato de ler.

E, finalmente, a minha mãe Doroti, torcedora fiel das minhas pequenas conquistas.

AGRADECIMENTOS

Primeiramente a Deus, por me presentear com saúde, paciência e com o milagre de cada dia.

Ao apoio de familiares, amigos, colegas de trabalho e pessoas queridas que cruzaram o meu caminho. Alguns são ligados à literatura, cujo incentivo deram vida a uma ideia tímida, inicialmente insegura, mas que, a partir do olhar deles, passou a ter movimento, cor, cheiro... Então, percebi que poderia ir além...

Portanto, não posso deixar de mencionar os parceiros e amigos que fiz enquanto percorria essa sinuosa caminhada: Márcia Kupstas, Paulo Flávio Ledur, Gláucia de Souza, Jeanete Amaral Harms, Zoraide Testa, Jorge Luis Pires, Maria Janete do Nascimento, Anna Karla Miragem, José Outeiral, Irmã Maria Alexandre. Às instituições: Programa de Pós-graduação em Educação da Universidade Federal do Rio Grande do Sul, Câmara Riograndense do Livro, Centro de Internação Provisória Carlos Santos da Fundação de Atendimento Socioeducativo do Rio Grande do Sul e Paulinas Editora.

Agradeço em especial aos adolescentes, que são o principal motivo desta obra.

SUMÁRIO

Prefácio 11

Apresentação 13

1. Uma educadora social *versus* Um ambiente carcerário 17

2. Biblioteca com nome de flor 39

3. Leitura e escrita perpassadas pelos ajustamentos de Goffman 55

4. O significado da leitura e da escrita em eventos de letramento 69

5. Livros, literatura e letramento 103

6. Ambiente letrado... Agora com novos convidados! 123

Referências bibliográficas 131

PREFÁCIO

O livro de Solange Carvalho de Souza coloca à nossa disposição um material vivido na prática e na teoria, que nos permite compreender melhor muitos adolescentes, particularmente os que vivem em situação de risco e sofrem com o abandono e a negligência por parte da sociedade.

Não se escreve o suficiente sobre esses adolescentes, que estão ausentes também da bibliografia especializada. Por isso, o presente texto nos deixa carregados de "esperança", o que é algo muito bom. A autora conhece bem o assunto sobre o qual escreve: a vida dessas crianças e adolescentes, pois a atividade profissional que exerce está especialmente voltada para esses jovens.

Debruçando-se sobre a leitura e a escrita, nos "eventos de letramento", ela nos convida a pensar que a libertação e a cidadania são, sim, possíveis de serem alcançadas através do conhecimento.

A leitura deste livro me foi muito útil para que pudesse ampliar minha abrangência de conhecimento sobre a adolescência. Como fenômeno psicossocial, é necessário que se compreenda que existem muitas semelhanças e, também, diferenças entre os adolescentes, no que diz respeito à dependência do ambiente cultural e social onde vivem.

Este livro vem, então, preencher uma importante lacuna na compreensão desse grupo de jovens. Leiam-no e me digam se concordam ou não comigo.

J. Outeiral
Médico, psiquiatra e psicanalista
(*in memoriam*)

APRESENTAÇÃO

De todas as lutas e mágoas que enfrentamos na vida, sempre nos será mais fácil falar das que vencemos ou das que ficaram para trás – mesmo que o processo tenha sido difícil, cujas lições absorvemos e nos reconhecemos melhorados –, do que relatar fatos recentes, que ainda provocam emoções, porque felizmente somos seres incompletos.

As ideias deste livro baseiam-se em preceitos de valorização do indivíduo em busca de suas potencialidades, na consideração de atitudes recíprocas e no convívio grupal. Porém, os percalços desse processo, em relação a certos comportamentos, especialmente na adolescência, são, em boa parte, fruto do meio social e cultural, da forte influência do modelo capitalista financeiro que culminou na formação de novos valores morais e na fluidez de identidade que tem marcado nossa juventude na denominada "pós-modernidade".

Tais elementos formarão o cenário às condições de letramento dos adolescentes privados de liberdade, aos quais se atribui a autoria de ato infracional. Nesse processo diferenciado de apropriação, descobre-se o quanto as práticas de leitura e escrita podem favorecer possibilidades, abrir caminhos e surpreender. No entanto, somente quem as experienciou poderá afirmar o seu valor.

Assim, proponho aproximar uma prática pedagógica discursiva, centrada no sujeito, sujeito esse que se revela sempre capaz e que se transforma continuamente por conta de sua interação no mundo, suas escolhas, atitudes e rumos.

Destes aprofundamentos, decorrentes do tripé da pesquisa etnográfica, trago minha singular experiência como agente socioeducadora na Fundação de Atendimento Socieducativo do Rio Grande do Sul – Fase. Amparada por estudos e pesquisas, afirmo que emergi o suficiente para produzir ciência e, através dessa obra, introduzir, discutir e disseminar teoricamente um dos temas de maior relevância social.

Se, por um lado, temos a realidade da privação de liberdade, sua história, seu contexto, ancorada atualmente na pertinência pedagógica da medida socioeducativa, justamente, o que a diferencia da noção de pena aplicada aos adultos – noção atribuída ao antigo Código de Menores – por outro, temos a realidade das ruas, a dependência química, a criminalidade, o dinheiro fácil que vem do tráfico e o enfraquecimento dos laços familiares, que faz a juventude reincidir e a retornar às instituições de privação de liberdade.

Ora, é inevitável a pergunta: Qual é o verdadeiro papel da instituição? Respondo, em conformidade com o Sistema Nacional de Atendimento Socieducativo – Sinase (2006, p. 46), que se deve procurar atender o interno da melhor maneira possível, dentro das condições propostas, oferecendo desde um simples curativo até os direitos políticos que conferem ao cidadão, ainda que esteja privado de sua liberdade. Para completar:

> o adolescente deve ser alvo de um conjunto de ações socioeducativas que contribua na sua formação, de modo que venha a ser um cidadão autônomo e solidário, capaz de se relacionar melhor consigo mesmo, com os outros e com tudo que integra a sua circunstância e sem reincidir na prática de atos infracionais.

Portanto, o livro está dividido em seis capítulos. O primeiro, "Uma educadora social *versus* Um ambiente carcerário", traz a narrativa descritiva das primeiras observações e inquietações de uma professora diante da realidade violenta de uma vila de Porto Alegre e as memórias de um período difícil com a entrada em outra realidade, não menos violenta, como servidora da antiga Fundação do Bem-Estar do Menor – FEBEM, atualmente, Fundação de Atendimento Socioeducativo do RS – Fase.

Nos demais capítulos, será discutido o desenvolvimento dessa educadora como pesquisadora, fazendo uso de uma investigação de natureza empírica. Sob análise de estudo de caso no "palco de uma pequena biblioteca", utilizo os atores – adolescentes internos –, com suas histórias de vida, anseios e frustrações, bem como, nos bastidores desse teatro, o trabalho dos socioeducadores da fundação.

O servidor público que atende o interno faz a grande diferença no dia a dia da instituição, independente do partido político em voga ou do gestor que administra. É ele quem executa uma das tarefas de maior complexidade do sistema socioeducativo, ao mesmo tempo, o de menor reconhecimento por parte da sociedade.

As histórias narradas, fatos, imagens e fotografias tiveram a permissão dos envolvidos com as devidas autorizações, ainda que certas citações estejam em domínio público, preservando as normas éticas de pesquisa. Por esse motivo, nomes e apelidos apresentados são fictícios.

Contribuo ainda com alguns depoimentos e produções escritas desse sujeito que se apresenta ora como criança, ora como adolescente, ora como adulto, em consequência de questões multifatoriais. Essa ambiguidade acelerada e em desenvolvimento abre espaço para sentimentos variados, de modo que condutas exageradas e agressivas por vezes oculta uma outra pessoa, a mesma que escreve cartas de amor e gosta de ler poemas românticos.

Por certo, este livro não trará todas as respostas, mas será um instrumento eficaz para conhecer um pouco mais o adolescente de hoje, quem sabe, o adolescente que fomos um dia, cheios de sonhos, de ousadia e de erros, mas que conseguiu trilhar outro caminho.

A Autora

1
UMA EDUCADORA SOCIAL *VERSUS* UM AMBIENTE CARCERÁRIO

Passam os anos e ainda me lembro da turma da bicicleta: "olheiros da vila", conheciam a todos e não deixavam passar estranhos, a não ser que fosse explicado o motivo – trabalhar na Pequena Casa da Criança era um bom motivo.

Foi como professora, na Escola Municipal da Pequena Casa que me deparei com as primeiras realidades da desigualdade social. Localizada na vila Maria da Conceição, em Porto Alegre, conhecida também por vila Maria Degolada, a instituição à época era coordenada pela Irmã Nely Capuzzo,[1] considerada o braço forte da comunidade.

A Pequena Casa mantinha convênio com a antiga Febem[2] e com a prefeitura do município de Porto Alegre. Eu lecionava para uma turma de classe especial, com alunos que cursavam o 1º ano pela segunda ou terceira vez naquela escola. Os

---

[1] A Pequena Casa da Criança foi fundada em 15 de agosto de 1956, pela Irmã Nely Capuzzo, da Congregação Missionária de Jesus Crucificado. A instituição prioriza a ação preventiva dirigida a crianças, adolescentes, família e idosos. São realizadas ações de educação, profissionalização, mobilização comunitária e de assistência social junto a uma população em situação de extrema vulnerabilidade social. Com 55 anos de serviços gratuitos, financia seus programas com recursos próprios, por meio de convênio e contribuições provenientes de pessoas físicas e jurídicas. Irmã Nely faleceu em 2002, aos 72 anos, por complicações pulmonares. Ver: <http://www.pequenacasa.org.br/>.

[2] Fundação do Bem-Estar do Menor do Estado do Rio Grande do Sul – Febem (RS).

alunos eram rotulados como deficientes mentais leves, sem chances de aprovação.

A maioria dos jovens, e também boa parte dos adultos da comunidade, passou pela Pequena Casa, através da creche ou da escola. Também funcionava um posto de saúde no mesmo prédio, o serviço de assistência social para encaminhamento de emprego, orientações a grupos de terceira idade, atendimento a diabéticos e distribuição de cestas alimentícias às famílias, sem falar no apoio psicológico e afetivo que a Casa oferecia.

A vila Maria da Conceição é acessível aos demais bairros de Porto Alegre, com transporte coletivo a poucos minutos a pé do forte comércio do bairro Partenon. Descendo a vila, avistam-se as residências, a Igreja São Jorge, o Hospital Psiquiátrico São Pedro e as crianças brincando na rua. A população é de trabalhadores, donas de casa, aposentados e estudantes; mas, como acontece nos grandes centros urbanos, existem pontos de venda de drogas e disputa de traficantes pela "boca de fumo".

Algumas vezes a vila se transformava em palco de tiroteios entre as gangues, e entre essas e a polícia. A comunidade se trancafiava em casa, o pequeno comércio fechava as portas e alguns, na correria, se escondiam na Pequena Casa. Tal conduta não era facilitada, mas, na hora da confusão, eram ágeis e o instinto de sobrevivência falava mais alto, quem sabe o instinto materno também, porque a irmã Nely não autorizava a entrada da polícia. Também não era para menos, imagine se acontecesse um tiroteio dentro da escola... Não seria novidade para ninguém – a irmã Nely defendia seus pequenos; alguns deles infelizmente se tornaram delinquentes, independentemente de seus esforços e do respeito que todos tinham por ela.

Quanto aos alunos na escola, todos sabiam o que fazer caso ocorresse um tiroteio: esconder-se embaixo das cadeiras, longe das janelas e bem quietinhos.

As crianças da minha turma tinham idade para séries mais avançadas; infelizmente, a impressão que ficava era de que tudo para elas dava errado. Dentre os casos mais marcantes está o da pequena Deise,[3] de 9 anos. Gostava de dar abraços e de sentar no meu colo. Até aí tudo bem, as outras crianças também gostavam de ser afetuosas, mas Deise tinha ciúme dos colegas, tinha desejo de ser aceita e, por isso, insistia em agradar. É uma situação delicada para qualquer professor, porque geralmente os demais alunos não gostam disso; então, me aproximei e falei a ela que não conseguia dar aula daquele jeito, que precisa dar atenção a todos; ela não gostou, sentou em sua cadeira e ficou de cabeça baixa. Iniciei a aula e, de repente, um dos alunos falou alto: "Professora, a Deise tá sangrando!". "Como? O que aconteceu?", disse eu.

Cheguei perto e a vi retirando as casquinhas das pequenas lesões que ela trazia no corpo devido a uma alergia de muito tempo. Espalhou o sangue pelas mãos e rosto, lambuzando-se toda. Não chorava, estava calma e séria.

Levei-a diretamente à secretaria para curativos e falei na direção que conversaria com a mãe para saber o que estava havendo. A diretora aconselhou que eu ficasse quieta, pois não conseguiria nada dessa forma.

Não concordava com a posição omissa da diretora, porque sempre achei que os pais deveriam estar cientes dos

---

[3] Cabe lembrar que os nomes de adolescentes e crianças utilizados nesta obra são fictícios.

problemas que seus filhos enfrentam na escola. A diretora novamente me alertou: "Tu não vai te arrepender, hem!?".

No outro dia a mãe da menina veio conversar comigo; mulher simples, dentes desordenados e cabelo por pentear. Segurava a Deise pela mão, com força, enquanto a menina se mantinha apática. Comecei a relatar a história devagar e, quando menos esperava, a mulher lançou um tapa no rosto da menina que chegou a fazê-la cair no canto do corredor.

Não sabia se atendia a mãe, a Deise ou a mim mesma. Então, lembrei-me do que a diretora tinha falado. Acalmei a mãe e ela passou a me contar uma pequena parcela de seus problemas: tinha mais cinco filhos, pois acabara de dar à luz a gêmeos. O marido havia se interessado pela vizinha e tinha se mudado para a casa desta, que também estava grávida.

A Deise não tinha atenção nem da mãe nem do pai, era "cada um por si e Deus por todos". Quando queria ver o pai, ia à casa da vizinha, que ficava bem em frente a sua, mas não podia passar da porta, donde ficava de pé olhando-o. Os gêmeos eram lindos, mas choravam e ela tinha que trocar as fraldas.

A mãe quis se desculpar pelo nervosismo me convidando a ir à sua casa. Ao visitá-la, fui bem recebida. Sentei-me numa poltrona e percebi que a casa era muito pequena.

Realidades distantes do meio acadêmico.

Havia muitos outros casos que faziam perder o sono, como, por exemplo, saber que uma jovem estudante, no final do Ensino Fundamental, deixaria a escola porque tinha engravidado; e o pior, do próprio pai.

Muitas vezes, descia da vila pensativa e aliviada por não morar ali e, conforme ia me aproximando da Av. Bento Gonçalves, respirava fundo, convencida de que a desigualdade social vivida por aquelas pessoas fazia parte das regras de controle que a comunidade mantinha, ou talvez fosse a boa aceitação social dos problemas na acomodação a um estado de normalidade. "Ora, o destino quis assim". E ainda: "É a vida!" (ou a Divina Providência!). Ingenuidades à parte, sabemos que a questão é outra, na qual estamos inteira e politicamente implicados.

Foi nesse período que procurei dar início aos estudos na área da educação,[4] em busca de entender melhor as condições dessa comunidade e os métodos pedagógicos que a escola da Pequena Casa da Criança tentava empregar. Segundo Maria Tereza Egler Montoan, educadora renomada na área de educação especial: "Eles não são deficientes, mas estão deficientes".[5]

Como pedagoga, meu interesse seguiu as linhas da educação de abrangência sociológica, histórica e antropológica, buscando sempre encontrar respostas para o insucesso escolar de crianças e jovens. Procurava vê-los não com as *deficiências e engessamentos*, mas como condutores autônomos de seus destinos, bastando que para isso recebessem orientação adequada, que fossem vistos e respeitados.

Após algum tempo, resolvi me aventurar num concurso público de uma fundação assistencial, responsável por atender crianças abrigadas e menores infratores. Fui nomeada no ano seguinte e criei a expectativa ideológica de trabalhar na proteção e no cuidado desse público vulnerável. Como

---

[4] PPGEdu – Programa de Pós-graduação em Educação da Universidade Federal do Rio Grande do Sul.

[5] Frase pronunciada durante apresentação no VII Seminário Internacional de Educação – Saberes Docentes e Formação Profissional, em Cachoeira do Sul (RS), 2002.

educadora social, teria maior chance de executar atividades relacionadas à minha formação pedagógica, colaborando com o trabalho ali realizado. Mas esse desejo tardou um pouco a se realizar.

Memórias...

Com a nomeação no serviço público, a maioria dos novos concursados foi destinada a uma das unidades do antigo complexo Febem, o Centro do Jovem Adulto – CJA, destinado à internação de adolescentes do sexo masculino autores de ato infracional, com idade entre 18 a 21 anos, considerados de alta periculosidade.

O contexto da instituição era visto de modo cauteloso diante das demais unidades que prestavam atendimento a infratores. Apesar de, naquele período, a maioria das unidades apresentar um histórico de problemas, tanto no interior quanto na capital, como fugas, rebeliões e um colapso administrativo entre os anos 1997 e 1998, com acúmulo de dívida de 10 milhões de reais, algo para qualquer gestor enlouquecer. Ainda assim, o CJA era bem mais disciplinador, com método rígido de controle, segurança e de vínculo restrito com o interno.

Trabalhava-se com o estigma do antigo Instituto Central de Menores – ICM (denominação anterior da unidade) e os fantasmas de sua má administração.[6] Infelizmente, com a situação caótica que se apresentava os servidores com mais tempo de casa, aparentavam não ter muito comprometimento com a reabilitação dos internos, não havia quase esperança

---

[6] Ler *Centro do Jovem Adulto: resgate histórico*. Porto Alegre: Corag, 2002.

no modo de pensar de um monitor em relação à vida futura desses. Às vezes, ouviam-se perguntas do tipo: "Tá com pena, leva pra casa" e "Se a vítima fosse o teu filho, tu perdoaria?".

Essa relação dúbia entre a distância e a autodefesa partia da preocupação de se ter medidas de segurança mais eficazes contra os jovens internos. No panorama geral, era a única maneira de solucionar os problemas relacionados aos descontentamentos dos jovens, num processo que vinha somando revoltas, reportagens maçantes na mídia e seguidos amotinamentos, resultando na morte de um adolescente queimado.

A situação era tensa de todos os lados (servidores, adolescentes e familiares). Devido aos motins, vários monitores saíram machucados, alguns com traumas psicológicos, que culminaram em afastamentos e licenças médicas.

Muitos não queriam saber mais de trabalhar num lugar como aquele e pediam transferência para unidades mais tranquilas ou, para outro tipo de atendimento destinado a crianças abrigadas. Segundo depoimento de um servidor chefe de equipe, num desses motins, ele foi empurrado escadarias abaixo e, quando se viu no chão, um dos adolescentes bateu várias vezes com o aparelho telefônico na sua cabeça. Resolveu, então, ficar paralisado atrás de uma mesa e fingir que estava morto, só assim ele conseguiu passar despercebido pelos demais.

Quanto ao início do CJA, tanto os monitores, atualmente socioeducadores, que eram do quadro como os novos concursados passaram por treinamento e capacitação. Os primeiros avaliados com exames médicos cursaram a Escola do Serviço Penitenciário da Susepe (RS).[7] Outro grupo recebeu capacita-

---

[7] Susepe (RS) – Superintendência dos Serviços Penitenciários do Rio Grande do Sul.

ção com base no Estatuto da Criança e do Adolescente – ECA e nos aspectos relacionados à adolescência.

Causou estranheza o curso aplicado pela Susepe, por ser simplesmente um treinamento militar, com aulas práticas de defesa pessoal, introdução às artes marciais, palestra com diretores de presídios, técnicas de relacionamento interpessoal e visita aos quatro maiores presídios do Estado.

Na realidade, a maioria dos novos carregava um sentimento de insegurança que durante as capacitações aparecia de forma desmascarada, inclusive por parte das mulheres, que tinham que "provar" que eram capazes de suportar as pressões tanto quanto os homens.

Parecia uma capacitação para atuar na polícia ou num presídio de segurança máxima. No decorrer do curso, só sabíamos o que era noticiado pela mídia, com as maçantes reportagens relacionadas aos motins, e pela impressão da primeira visita ao antigo Central de Menores. Certamente tudo era muito negativo.

Nessa visita, percebemos porque o instituto era considerado, principalmente pelos jornais, a casa dos horrores. Enquanto caminhávamos pelos corredores, observávamos as péssimas condições do local – cenas de um filme de suspense –, com paredes marcadas pelo fogo, a placa de madeira com o nome da escola partida ao meio, e as pessoas fatigadas.

Os trabalhadores tentavam agir com naturalidade em face da presença do grupo visitante, com exceção de alguns que observavam atentamente as vestimentas femininas, pois algumas vestiam saia e usavam bijuterias, afinal de contas, tinham ido para uma entrevista de emprego. Na subida, as escadarias ficavam a meia-luz e, nos corredores, através das portas de ferro pesadas e gradeadas avistavam-se os dormitórios, onde ficavam os internos, em torno de 80, com seus olhares tristes, porque não havia motivos para sorrir.

A manhã estava ensolarada, lá dentro fazia frio e as paredes eram úmidas.

Após o choque de realidade, alguns dos novos nomeados desistiram de assumir o trabalho, pois preferiam permanecer em seus empregos a arriscar o pescoço pelo Estado. Acompanhada pela mãe atenta a tudo, uma das jovens ouviu a voz firme que disse:

– Você não está morrendo de fome! Vamos pra casa.

Para quem resolveu ficar, tornar-se servidor público, o salário fixo no final do mês e a garantia de benefícios, falou mais alto na hora de tomar uma decisão. Mesmo porque, se haviam outros trabalhadores realizando aquela tarefa, significava que não era tão ruim assim. Eu também não estava "morrendo de fome", mas a estabilidade do serviço público e a clientela a ser atendida me fizeram ponderar.

De volta para casa, fiquei horas deitada no sofá, refletindo no que tinha visto, mas aceitei o cargo.

Após um mês de capacitação, fomos informados da recuperação do prédio e da implantação de uma nova estrutura, ou seja, um processo que se iniciava com o explicitamento do ato de "conter". Os investimentos, para minimizar os riscos de novos motins, privilegiavam os aspectos de segurança.[8]

---

[8] A aquisição e o uso de grades e cadeados cada vez mais potentes; as novas divisões internas das unidades, separadas por novas grades e cadeados; o uso da brigada militar para a realização de revista; a ocupação da Susepe em parte das unidades; o uso de armas; os cursos ministrados pela Susepe. São estes alguns dos investimentos financeiros e técnicos daqueles anos (FEBEM, 1999, p. 6).

Um dos exemplos foi o "fechamento das portas" – colocação de mais grades, aquisição de mais algemas e cadeados, instalação de guarita externa, detector de metal para a entrada de visitantes e a liberação de horas extras para os servidores que já eram do quadro; as paredes também foram pintadas, dando um novo visual ao lugar.

O grupo até demonstrava motivação para a tarefa e o curso resultou em aprovação de todos, com direito a formatura e *happy hour*. Finalmente, passamos a ser servidores públicos.

A unidade estava pronta para receber o apoio dos novos monitores. Divididos em quatro plantões com uma jornada de trabalho de 24 x 72 horas, vestidos de coletes pretos com letras cor de laranja nas costas, com a inscrição: "CJA FEBEM", semelhante aos dos policiais civis. Iniciava-se então o trabalho (operação). Entretanto, havia uma apreensão natural que chegava de todos os lados. A mim, principalmente, era confuso, pois, nas orientações sobre manejo, se ocultava a ambígua tarefa do monitor, dividido entre ser um bom educador ou ser um ótimo colega. Mas, com certeza, os novos não sabiam ao certo como começar.

As mulheres, agentes, foram as mais recomendadas, com restrições ao uso de bijuterias, calçados e cabelos compridos. Algumas acharam melhor cortar. As camisas deveriam ser compridas, as calças mais folgadas, e o perfil recomendado era discrição, firmeza e iniciativa.

O CJA tinha realmente algo de misterioso. As pessoas falavam mal. Os jovens que completavam 18 anos e chegavam transferidos de outras unidades demonstravam um medo aparente.

A entrada de internos em instituições privativas de liberdade geralmente segue um padrão de rotina comum semelhante a casas de detenção. Geralmente são encaminhados à sala de revista (vistoria), onde guardam seus pertences. O agente destinado à tarefa, geralmente do sexo masculino, revista o adolescente sem as vestimentas; vistoria-se o corpo todo, cabelos, dentro da boca, manda-se levantar a língua, braços, pernas, pede-se que se agache algumas vezes, de frente e de costas. Depois, revistam-se as roupas e o calçado, inclusive as costuras. É tudo minuciosamente revistado por um funcionário que usa luvas. Segundo estudos do Sociólogo Erving Goffman (2001, pp. 24 e 25), esse procedimento é considerado a mortificação do eu, por expor o sujeito a uma ação contaminadora do físico.

Para Goffman, o interno é ainda contaminado por contato interpessoal e, consequentemente, é-lhe imposto uma relação social. Em todos esses casos, tanto o examinador quanto o exame penetram a intimidade do indivíduo e violam o território de seu eu. De todo modo, em muitas situações é uma medida de segurança ainda necessária.

Após esse procedimento, o interno é dirigido para dentro da unidade, que, no caso do CJA, era separada por um portão de ferro que permitia a visualização do corredor. O mesmo era fechado por um cadeado grosso e tinha ao lado um monitor/ agente sempre responsável. Passando o portão, tinha-se a compreensão do que a diferenciava das outras unidades: a faixa amarela – uma fita larga fixada ao chão – vinha do início do corredor até a inspetoria, onde ficava o "coração da casa". No meio do caminho, seguindo a faixa, na parede aparece uma imagem desenhada pelos agentes da Susepe: uma águia com uma bola de ferro presa ao pé – símbolo utilizado na maioria das penitenciárias, cujo significado é a falsa ilusão de liberdade.

Os jovens chegavam assustados e permaneciam assim por um bom tempo. Não sabiam se era pior enfrentar os internos de ala, adversários nas gangues, ou o sistema que se igualava ao carcerário.

Pairavam boatos sobre a morte de dois internos na história regressa da Casa, comentários que marcavam muito o dia a dia da unidade, onde vários jovens relatavam na época o medo de dormir à noite. Diziam ver vultos e ouvir vozes dos internos que morreram, fato também relatado por servidores (FEBEM, 1999, p. 5).[9]

No corredor da faixa amarela, eles eram obrigados a seguir com a cabeça baixa e braços cruzados. Não era permitido olhar para os lados nem se comunicar. Com os braços sempre cruzados, geralmente só respondiam aquilo que lhes perguntassem.

Numa noite de plantão ingressou mais um adolescente, e eu o reconheci, era um ex-aluno. Tentei me aproximar e conversar, mas a chefia da equipe, supervisora do plantão, não autorizou. Aleguei que o jovem tinha sido meu aluno, e responderam: "Se ele foi seu aluno, agora não passa de um infrator". Ironizaram dizendo que provavelmente eu não tinha sido uma boa professora, pois meu aluno tinha vindo parar na Febem.

Esse ex-aluno permaneceu curto tempo nesse centro. Fiquei sabendo mais tarde que o delito cometido fora furto.

O trabalho era difícil, ao mesmo tempo delicado, porque simplesmente se trabalhava com pessoas: pessoas diferen-

---

[9] No ICM, em 1997, relatava-se com "ar misterioso" a morte de um jovem numa cela do isolamento, o qual, após colocar o colchão na frente da porta e atear fogo, morrera queimado. Alguns funcionários diziam ouvir à noite a voz do menino pedindo ajuda. Outros diziam temer utilizar as dependências do antigo isolamento, pois trazia energias negativas.

ciadas e com histórias diferenciadas. Por vezes, os manejos são inadequados, porque são executados por pessoas, passíveis de erros. A faixa amarela representava muito mais que uma fita colorida no chão. Ela ditava as regras. Era uma adestradora. Manejos e métodos são questionados o tempo todo em qualquer atividade. Entretanto, para alguns servidores, a hostilidade fazia parte do aparato de segurança trazido no exemplo da Susepe, ou seja, o uso da "pedagogia susepiana", em conformidade com o modo de uma gestão política também insegura. Acreditava-se que essa era a única forma de manter a segurança e dar limites que não fossem tão punitivas. Apostavam num método divergente, longe de ser socioeducativo, onde o desrespeito e a desvalorização semeavam o ódio e a rebeldia, que mais tarde viriam revelar sua face.

O clima de controle durou em torno de um ano. Mesmo com todas as medidas tomadas, continuavam os problemas de indisciplina entre as gangues rivais – os *contra* –, quando acontecia de infelizmente ficarem na mesma ala.

Diariamente, durante o horário de pátio, as espingardas calibre 12 eram carregadas pelos monitores do sexo masculino, e raramente pelas mulheres, porque elas não foram autorizadas a manuseá-las. O armamento, tanto o utilizado por policiais militares nas guaritas externas quanto às espingardas antimotins, era ameaçador para os jovens, mesmo sem a necessidade de uso, até porque as balas eram de festim, detalhe que eles com certeza não sabiam. Outro local de fragilidade ficava em frente às salas de aula da Escola Senador Pasqualini, onde também era necessário exibir as armas e usar os rádios transmissores.

O fato de manter a segurança armada no pátio e na entrada da escola mostrava o quanto era tenso os dias nessa unidade. Os internos aproveitavam qualquer deslize e criavam um tumulto em questão de segundos. Na realidade, o pátio se localizava no centro da unidade e era cercado por muros altos. Acima do prédio, do lado direito de quem entrava, havia guaritas de policiais militares rendendo plantão por 24 horas, mas o armamento deles tinham balas de verdade, como afirmava os próprios internos, que sabiam que ninguém ali estava para brincadeira.

Aparentemente, dali não tinha como haver fugas. As tentativas só poderiam ter sucesso com planejamento estratégico, iniciado por uma briga e rendendo a monitoria. Nesse contexto, a escola preocupava mais, porque os professores ficavam sozinhos com seus alunos internos, enquanto os monitores faziam a ronda pelo corredor vigiando cada turma.

Em várias ocasiões houve a infelicidade de acontecer uma confusão na escola. Começavam por uma discussão, em seguida pegavam as cadeiras e jogavam uns nos outros. Quando o quebra-quebra dava início, a monitoria fazia a intervenção de imediato. Os professores saiam rapidamente para fora da unidade, e pegavam-se os cassetetes para contenção. As espingardas antimotim somente eram usadas quando se perdia o controle.

Restabelecido o ambiente, os internos permaneciam sentados no chão e, com a cabeça entre os joelhos, recebiam advertência verbal. Caso algum deles não obedecesse, era algemado e levado ao isolamento disciplinar, permanecendo lá o tempo estipulado pelo técnico responsável, pela direção e chefia de equipe, até avaliarem a medida disciplinar adequada.

O fim da "pedagogia susepiana"[10]

Era feriado de 7 de setembro. Acontecia na capital do Rio Grande do Sul o jogo amistoso da Seleção Brasileira com a Argentina, no estádio Beira Rio. O estádio estava repleto de torcedores e, a poucos metros dali, acontecia uma das maiores rebeliões do CJA-Febem.

Um tumulto generalizado toma proporções de motim. Parte das paredes é derrubada a "pedalaços" pelos internos rebelados. A monitoria tenta manter o controle ao máximo. A direção da Susepe insiste em permanecer no comando e os servidores desgastados acabam saindo aos poucos da instituição. Por ordem do governo do Estado, a brigada militar interfere na ação. Na manhã seguinte, na entrada do plantão, poucos monitores restavam no centro. A administração foi, então, passada de imediato ao comando militar.

Os servidores foram remanejados. O critério de seleção às novas unidades dependia de entrevistas individuais com psicólogos na Fundação de Recursos Humanos – FDRH, portanto fora da fundação. Foi um período desgastante, a monitoria estava emocionalmente abalada, pois, num curto espaço de tempo, após outra rebelião de 10 horas no Instituto Juvenil Masculino – IJM, na vila Cruzeiro do Sul, unidade que também pertencia a Febem, o servidor Luís Fernando Silva Borges, de 41 anos, foi morto com um tiro no pescoço disparado por um dos adolescentes rebelados.

---

[10] "Pedagogia susepiana" é a denominação irônica, nomeada por um grupo de servidores, com objetivo de identificar certo comportamento, nada terapêutico e hostil, baseado no ato de bater e humilhar.

Essa foi a gota d'água do colapso administrativo. Tristezas, revoltas e paralisações marcavam um dos períodos mais difíceis da história pregressa de uma fundação responsável pelo atendimento de crianças e adolescentes em vulnerabilidade social.

Uma nova etapa da medida socioeducativa

No Centro de Internação Provisória – CIP, unidade de triagem e recepção da fundação – tudo se desenvolve com muita agilidade. Encaminhamento de processos, entrada e saída de adolescentes algemados, atendimentos com equipe técnica a todo o momento, visitas de familiares semanalmente, quatro plantões em horários diferenciados, monitorando duas alas com número de adolescentes que varia de 100 a 130 por mês, numa Casa que comporta adequadamente em torno de menos da metade dessa população.

O instituto é destinado a atender os adolescentes em regime de internação provisória, levados logo após a apreensão policial. Considera-se, a princípio, que os adolescentes não ficarão na Casa depois de definida a medida socioeducativa, que equivale a um período de 45 dias. No entanto, eles podem permanecer até três meses internados.

Os adolescentes do sexo masculino têm entre 12 e 18 anos, a maioria é de primeiro ingresso, e são procedentes de todas as Comarcas do Juizado da Infância e da Juventude do Estado do Rio Grande do Sul. Mas isso não significa que estejam necessariamente cumprindo medida pelo primeiro delito.

Há equipes técnicas interdisciplinares divididas por grupo de atendimento com psicólogos, assistentes sociais, advogados, pedagogos, profissionais da educação física, médicos, psiquiatras, equipe de enfermagem e agentes socioeducadores.

As instalações precárias do prédio se mantiveram por mais de 10 anos, mesmo com algumas reformas e instalações, que pouco acrescentaram, até haver, recentemente, uma reforma maior. Trabalhava-se longe das condições ideais, apesar de ser uma das unidades mais novas do complexo socioeducativo de internação fechada.

A construção original tinha capacidade para 60 adolescentes, todavia, com a rotatividade mensal, esse número chegava a superar 130 internos no mês, atingindo rapidamente a superlotação. A inadequação da estrutura do prédio obrigava a distribuição dos internos em 30 dormitórios, medindo cada um 2,15 x 3 m. O dormitório é coletivo, com muita dificuldade cabem quatro internos. É chamado pelos adolescentes de "brete"[11] – gíria bem conhecida mesmo fora do sistema de atendimento socioeducativo.

Nos dormitórios não há banheiro, as portas são de ferro com barras na parte superior. Na última reforma, montaram beliches e camas de ferro parafusadas ao chão, que acomodam três internos em colchões substituídos logo que necessitam. Quando chega a superlotação, um acaba dormindo em colchão no chão.

---

[11] De acordo com o *Dicionário Brasileiro Globo* (1991), "brete" significa armadilha para apanhar pássaros, logro; cilada e, também, corredor estreito nos currais e banheiros carrapaticidas, por onde passa o gado para ser pego ou colocado no banho.

Fonte: *Jornal Zero Hora*. Artigo "O berço de um criminoso", 11 fev. 2007.

O pátio é o centro da unidade, há uma quadra para esportes, diariamente, nos dois turnos, ocorre a recreação, de preferência o futebol, de vez em quando o voleibol e, recentemente, foram introduzidas as práticas desportivas do basquete e do tênis. Em torno do pátio estão as salas de atividades, onde ocorrem as oficinas de aprendizagem oferecidas pelos agentes socioeducadores. No lado oposto, encontra-se a Escola Senador Pasqualini, que oferece em três turnos o ensino regular fundamental e atividades extras em convênio ao programa governamental "Mais Educação".

Na parte frontal da unidade está localizada a recepção, as salas administrativas e diretivas a enfermaria da unidade, com ambulatório clínico e o atendimento especial. Automaticamente, passando pelo terceiro portão, o mais controlado, adentra-se no centro da instituição.

Segundo Goffman (2001), essa estrutura é definida como *instituição total*, devido às características peculiares: as pessoas residem, trabalham, estudam e dormem num mesmo local. Separadas da sociedade, elas levam uma vida fechada e monitorada por outros.

A denominação *instituição total* assemelha-se muito ao cotidiano do adolescente interno e, de maneira diferenciada, dos servidores também.

Algumas considerações...

Talvez não seja interessante narrar episódios do passado, detalhar vivências ou resgatar historicamente fatos, por vezes ocorridos de forma desumana; de outro ponto de vista, instigante, era necessário para a época, onde se fez uso de antigos métodos do sistema de privação, para calar, humilhar e sobrepor-se. Para a bióloga Maria Tercília Vilela Oliveira (2013), lembranças e fatos em sua verdadeira essência instigam a completar as peças que formarão a identidade forte e marcante do objeto de estudo e a reconciliação na busca de melhores decisões.

Corroboro com a mesma afirmativa, porque acredito que buscar as informações do passado, mostrar interesse em ajudar a escrever a história, será sempre um intento de extremo valor ao resgate dos vínculos afetivos e políticos que fazem parte da memória de uma instituição.

Certamente, nem todos os fatos aparecem transparentes à sociedade. O desconhecido é gerador de criações imaginárias, como também é provocador de senso comum com apropriações preconceituosas em relação ao trabalho do socioeducador, como do público carente (financeira ou emocional) atendido. Nesse ínterim, prevalece o grande interesse midiático do comércio das notícias, que "volta e meia" nos causam surpresa e espanto, criando desarmonia e enfraquecimento na crença do bom trabalho que a maioria tenta realizar.

De minha parte, quero ressaltar a necessidade do uso crítico diante da ideologia da reprodução, das lacunas de poder revestidas de bandeiras multicoloridas, do falso emprego do sinônimo de laicidade, num tal de "tudo posso", motor de demandas insanas pertencentes a um tempo, a um determinado lugar e que continuam acontecer fortemente no momento presente.

De forma não ingênua, longe de generalizar, busco a prática educativa consciente. Possibilitar um fazer diferente. É isso que me leva a levantar pela manhã e saber que posso fazer algo que vá além das acomodações, mesmo que às vezes me arrisque a tropeçar nos próprios pés.

No pequeno espaço rodeado de livros, com apoio de alguns colegas, tento ver o adolescente interno de outra maneira: simplesmente adolescente.

Cada vez que um adolescente ingressa no sistema de privação, nos perguntamos o que ele fez para estar ali. Violência contra a vida? Furtos, roubos? Porque é quase impossível alguém cumprir medida socioeducativa de privação de liberdade por ter pegado uma maçã.

Diante disso, perde-se a ilusão, as teorias tornam-se vagas, as culpas são diversificadas, a família torna-se alvo. Mas quem cuida dessa família?

Procurei sempre vislumbrar no meu trabalho algo que valesse a pena retornar no outro dia. Tratar o adolescente com respeito e dignidade não era, para mim, praticar meu lado espirituoso ou cumprir uma missão qualquer, mas desempenhar uma tarefa para a qual fui designada e, principalmente, que optei em realizar. Ver o adolescente infrator como produto dos problemas socioeconômicos, em que muitos, na atual conjuntura, não estão livres de passar por uma amarga experiência.

Vejo, apesar de toda a educação que pude oportunizar aos meus filhos, que não estava isenta de vê-los passar pelos portões da fundação.

Portanto, colocar-se no lugar do outro e, ao mesmo tempo, manter certa distância é ultrapassar as barreiras culturais e antissociais disseminadas ao logo de nossa história.

Quantos de nós, de meia-idade, quando crianças, não fomos ameaçados pela imagem do "velho do saco" – aquela figura humana maltrapilha, suja, que revirava o lixo, e que nossos pais insistiam em usar para nos assustar quando nos mostrávamos teimosos. Quantos de nós, hoje, caminhando numa rua quieta, um tanto escura, saímos apressados ao ver um jovem se aproximando. São essas imagens que fazem com que nosso trabalho seja bem mais complexo.

Ser ou estar servidor público hoje é ser um pouco herói, pois já faz um bom tempo que os rendimentos estão defasados. Más condições de trabalho e a desqualificação de gestores, por conta de mudanças de quatro em quatro anos, refletem a desordem do sistema, ocasionando, entre outros problemas, dezenas de afastamentos por licença-saúde.

Para esclarecer essas ideias, apresento nos próximos capítulos algumas experiências bem-sucedidas na Biblioteca Dona Margarida, localizada num Centro de Internação Provisória, e apelidada de "bibliotequinha" pelo querido jornalista, escritor e colunista do *Jornal Zero Hora*, David Coimbra.

Fruto da minha dissertação de mestrado, ela tornou-se palco das minhas investigações e inquietações sobre alfabetização e letramento, reciprocidade e juventude em risco, cuja emoção, por mais dura que seja, é extraída da leitura poética, do poema escrito e da literatura.

2
BIBLIOTECA COM NOME DE FLOR

> Um dia frio, um bom lugar pra ler um livro
> o pensamento lá em você.
> Eu sem você eu não vivo...
> (Djavan)

A medida de internação provisória do adolescente autor de ato infracional inicia-se quando ele chega a um centro de internação, ou seja, a uma unidade que corresponda a sua reclusão social por um determinado período de tempo, conforme art. 123 do Estatuto da Criança e do Adolescente – ECA (Lei Federal 8.069/90).

Geralmente, esses adolescentes chegam algemados e escoltados por policiais militares ou por oficiais de justiça, com a documentação correspondente, e passam por uma inspeção criteriosa. Conduzidos à chefia de equipe do plantão, passam por breve entrevista, onde recebem orientações sobre o funcionamento da unidade e, também, sobre regras e deveres.

A seguir, são retirados seus pertences; os de menor volume são guardados e identificados em envelopes e organizados em ordem alfabética num fichário, enquanto os de maior volume são entregues aos familiares. Após esse procedimento, o adolescente é encaminhado à enfermaria, onde é realizada uma avaliação médica: verifica-se peso, altura, se apresenta machucado ou cicatriz, se há histórico de doenças e se há queixa de dor. O adolescente toma banho, coloca roupas limpas e recebe um kit de roupas, com lençóis e toalha.

Após ingressar, o interno é encaminhado à ala, permanecendo no dormitório. No mesmo dia, ou no dia seguinte, ele é atendido individualmente por um técnico analista responsável pela primeira entrevista, onde será encaminhado à escola e às oficinas de aprendizagem em funcionamento na instituição.

O primeiro contato com os demais internos que constituirão seu grupo social é realizado no próprio dormitório. A maioria dos adolescentes de primeiro ingresso não tem ideia clara de como é o funcionamento de um centro de internação de medida fechada, devido a algumas informações desvirtuadas que recebem, principalmente, através da mídia, que é a maior responsável pela sua veiculação. Os familiares são os que mais temem pela sua permanência, provocando inseguranças. Por outro lado, há os adolescentes reincidentes, aqueles que já ingressaram mais de uma vez e que têm a oportunidade de reencontrar alguém conhecido. Há também casos de parentes já terem sido internos da unidade, como, por exemplo, irmãos mais velhos ou primos (ASSIS, 1999).

Os primeiros dias do interno novato são os mais complicados, devido à adaptação ao ambiente, ao tempo e às pessoas. Um dos fatores de grande importância é o início do tratamento para os usuários. Boa parte tem histórico no uso de substância entorpecente (lícita ou ilícita). Boa parte dos delitos gira em função da necessidade de manter a dependência, principalmente pelo crescente uso do *crack*, envolvendo jovens de todas as classes sociais, ainda que surjam cada vez mais novas substâncias vitimando usuários de todas as idades.

Alguns apresentam transtornos mentais e comportamentais devido ao uso de múltiplas drogas e, por vezes, juntamente, apresentam retardo mental ou sério déficit mental. Há casos de prévia internação em hospitais psiquiátricos e clínicas para tratamento de dependência, muitas vezes seguida de evasões, sem sucesso no tratamento. Quando internos novamente, mas em decorrência do ato infracional, a abstinência nas primeiras semanas é encarada como necessária, mas nunca bem-vista, pois se queixam da administração dos medicamentos, para início da desintoxicação, e da ocorrência de sintomas desagradáveis. Por outro lado, insistem em pedir medicamento para aliviar as dores em geral, ou mesmo por carência, segundo relato da equipe de enfermagem. O comportamento passa por alterações (irritabilidade, pesadelos, diarreia etc.), é comum a ironia e a falta de paciência dos demais colegas de dormitório.

Outro fator considerado significativo nesse período é a ocorrência de descontentamento, tristeza e arrependimento por parte do interno – reações vistas como positivas pela equipe analista, que acredita que esse comportamento, no futuro, poderá ser benéfico para sua reabilitação. Todavia, de acordo com a maioria das avaliações psiquiátricas, não é sempre o que acontece, porque boa parte dos adolescentes infratores é diagnosticada como sociopata,[1] o que os caracterizam como indivíduos que não apresentam empatia, não sabem gostar, não sabem reconhecer algo externo, não conseguem perceber a presença de coisas boas, mesmo sabendo que elas existem, não sofrem pelas "vítimas", ou seja, não se arrependem do

---

[1] Cabe destacar que um diagnóstico de psicopatia, com a utilização do termo sociopata, está em dissonância com a proposta de inclusão e desenvolvimento dos adolescentes em questão, cuja terminologia caberia mais corretamente a indivíduos com mais de 18 anos.

erro cometido. No entanto, quando ficam abalados emocionalmente, sentindo-se tristes, com certo remorso ou culpa, poderá ser indício de chance na sociorrecuperação, como relatado anteriormente.

Nos centros de internação, o número de adolescentes geralmente ultrapassa a capacidade das unidades. Dependendo do período do ano, a lotação pode oscilar, apresentando um aumento no número de internos especialmente entre o final de ano e a temporada de veraneio.

A permanência do adolescente numa unidade de triagem gira em torno de 45 dias, prazo máximo e improrrogável, previsto pelo Estatuto da Criança e do Adolescente, para conclusão do procedimento de aplicação da medida socioeducativa que for mais adequada. Há situações que ultrapassam esse prazo, mas que continuam contando no tempo de permanência da medida instaurada pelo juiz.

A rotatividade desses adolescentes é semanal ou semestral, dependendo da característica de cada instituição. Enquanto uns são transferidos ou desligados, outros infelizmente estão ingressando ou reingressando. Nesse caso, um centro de internação provisória, ou as instituições que prestam esse tipo de atendimento em suas unidades, é considerado um ambiente de recepção, passagem e triagem.

Nesse contexto, é comum ver algum interno, no horário de recreação, cabisbaixo, solitário ou, então, assistindo à televisão com o grupo, sem, ao menos, puxar conversa. Isso demonstra que esse adolescente está a poucos dias na Casa e ainda não fez amizades, até porque, existe um clima de desconfiança, já que é bem comum os adolescentes se depararem com alguns "dos contra" (gíria utilizada para caracterizar o inimigo de outra gangue que, supostamente, poderá lhe trazer problemas).

Os adolescentes são orientados, em atendimento com o setor educacional, a participar das oficinas pedagógicas e profissionalizantes, a praticar esportes e, também, a visitar a biblioteca, com o objetivo de aproveitar o tempo de forma mais saudável.

Uma maneira de superar a apatia é pelo incentivo dos agentes socioeducadores[2] à prática de jogos esportivos. Assim, alguns dos agentes do sexo masculino jogam futebol e tênis com os internos ou, quando há uma partida de voleibol, algumas agentes socioeducadoras também entram no jogo, na maioria das vezes, acompanhados do técnico analista em recreação.

Os internos que já tomam parte nas atividades ou que melhor se ambientam motivam os demais a também participarem.

A biblioteca surge como mais uma opção, local apropriado para se distrair com os livros e escrever cartas aos familiares. Vale lembrar que, enquanto essas páginas estão sendo escritas, ainda não é permitida a comunicação dos adolescentes pela internet por questões de segurança.

Embora se reconheçam como espaços privilegiados do saber, as bibliotecas das instituições, tanto para adolescentes privados como para reclusos adultos, estão distantes deste mérito. As dificuldades se iniciam pelo espaço físico: prédios geralmente com uma arquitetura obsoleta, de acesso e permanência precária, e, quando existe espaço disponível, este se revela inadequado para abrigar livros e para a circulação de pessoas. Além disso, a superlotação – preocupação de gestores e servidores – sobrecarrega o sistema, gerando problemas

---

[2] Termo modificado em adequação ao atendimento socioeducativo.

crônicos de infraestrutura como infiltração, falta de luminosidade, higiene e segurança.

A biblioteca Dona Margarida recebeu graciosamente este nome em homenagem a uma servidora, formada em Letras, que idealizou a sua criação em 1997.[3] O acervo inicialmente foi proveniente de extintas bibliotecas da fundação, doação de empresas, escolas e servidores; prática que ainda a mantém com ótimo acervo.

Nesse período, era necessária a organização das diferentes obras. Passou-se a receber orientações da Biblioteca Pública do Município de Porto Alegre, quanto a códigos e métodos mais adequados de catalogação, porque não havia bibliotecário habilitado concursado para exercer essa função, quadro atualmente modificado com a nomeação de profissional formado em biblioteconomia, através de concurso público para todo o Estado do Rio Grande do Sul.

Na época, com a lacuna de uma pessoa responsável no trato de livros e adolescentes, veio o convite para assumir os cuidados da bibliotequinha, em referência ao projeto "Alfabetização ao Ritmo do Rap", que eu e outra colega pedagoga ministrávamos, sob a coordenação do setor de educação da unidade, com o intuito de colaborar na alfabetização de internos com idades entre 15 e 17 anos, que infelizmente ingressavam sem saber ler e escrever. Situação que vem melhorando gradualmente com a inclusão de programas federais e estaduais no âmbito da Alfabetização na Idade Certa e da

---

[3] Cito referencia ao nome "Dona Margarida" estar vinculado a livros e adolescentes em coincidência a obra juvenil *A gangue dos livros*, que traz uma história interessante do poder benéfico que a literatura pode fazer às pessoas, justamente com uma personagem, professora-mediadora, chamada Margarida.

modalidade de Educação de Jovens e Adultos – EJA, mas que continua a nos desafiar diariamente.

A sala localizava-se à direita de quem entrava, após o portão de acesso ao pátio. Havia na época poucas e velhas estantes, doze carteiras escolares de fórmica esverdeada, uma mesa grande de fórmica branca, com cupim, e uma prateleira de madeira no canto. Para alívio dos frequentadores, era uma sala ventilada por duas janelas gradeadas (todas as janelas são gradeadas), e noutro canto alguns mapas amontoados. O acervo era restrito, com alguns periódicos, coleção de livros juvenis, enciclopédias antigas, livros didáticos e três livros de registro: obras literárias, livros didáticos e de presenças.

O atendimento dos internos naquele período funcionava conforme o horário das duas alas, que não podem ter as mesmas atividades juntas, por se entender que uma ala era de ingressos e a outra de reingressos. No início, os turnos da manhã e da tarde eram divididos em dois horários com 1h30 para cada atividade. Enquanto uma ala estava tendo recreação no pátio, a outra estava na escola.[4]

De forma a motivar a ida dos internos para o ambiente de leitura, íamos até os dormitórios, no andar de cima, e solicitávamos, ao socioeducador que chamasse aqueles que quisessem participar da atividade. Os dormitórios eram abertos um por vez, fazia-se o convite, e então eles se organizavam para descer em fila, em número máximo de 10. Às vezes, fugia-se à regra, quando um ou mais pediam para também participar. Atendia-se naquele período em torno de 40 adolescentes por dia, com exceção dos dias de visita.

---

[4] Funciona na unidade uma escola estadual de Ensino Fundamental.

Trabalhamos algum tempo dessa forma, até sermos transferidos para um espaço menor, devido à reestruturação que a instituição obrigou-se a realizar por conta da superlotação. Com isso, foi necessário organizar a nova sala, com pintura, revisão elétrica e uma boa limpeza. Esta última ficou por conta dos internos, que voluntariamente lavaram o chão, retirando os resíduos de tinta, além de transportarem móveis e livros. Também aproveitamos para trocar parte da mobília, pintar as velhas estantes e ajeitar um armário grande com a técnica de pátina, que acabou dando um visual mais interessante. Nessa mudança, a participação e o apoio dos funcionários foram cruciais.

Instalada a nova biblioteca, resolvemos atender de forma mais espontânea, abrindo a sala e deixando entrar quem quisesse. Chegou-se a essa conclusão porque toda vez que tínhamos um grupo de adolescentes sendo atendidos, os outros, no horário de pátio, também queriam entrar, e ficavam indignados quando não podiam. Decidimos, então, deixar as portas abertas e receber os frequentadores, leitores e escritores da biblioteca Dona Margarida.

Voltando a descrever algumas das características dos novatos, acho oportuno relatar como esse interno entra na sala da biblioteca: geralmente timidamente, olhando para os lados, coçando a cabeça ou de braços cruzados. Não costumam fazer perguntas, e é preciso que as responsáveis introduzam o assunto, que normalmente se inicia com um cumprimento. De praxe, pergunta-se o nome, idade, de que cidade veio,[5] grau de escolaridade e há quantos dias está na unidade. Em

---

[5] O Centro de Internação Provisória Carlos Santos recebe semanalmente adolescentes da capital e arredores, interior e litoral, conforme a Comarca da Infância e da Juventude do Estado.

seguida, transmitem-se as regras da biblioteca: ao entrar, de preferência, cumprimentar as responsáveis; não entrar sem camisa; respeitar o ambiente, sem falar alto ou dizer palavrões; não danificar o material de leitura; não levar qualquer material sem a autorização dos responsáveis e, por último, assinar o livro de presença.

Essas regras básicas servem para todos e não são muito diferentes das estipuladas pelos educadores nas demais oficinas que acontecem na Casa. Portanto, deve-se levar em conta que o ambiente de leitura proporcionado por essa biblioteca não é semelhante ao de outros de nosso convívio (órgãos públicos, empresas privadas e até mesmo em escolas). A diferença consiste em que na instituição vivemos sob o olhar vigilante uns dos outros. A observação é constante e a disciplina é o eixo básico que norteia as ações cotidianas do trabalho. Todo material que vai às mãos do interno é controlado, principalmente a tesoura – único material cortante de modelo escolar que é visto como perigoso. Os demais utensílios, como canetas, lápis e borracha, também devem ser controlados, isto é, são contados a todo o momento, pois é comum o interno se interessar em levar esses objetos para o dormitório. Caso algum desses materiais desapareça, o monitor deverá revistá-los e reter o objeto. Muitas vezes, mesmo com a revista (inspeção ou vistoria) realizada frequentemente, tais objetos passam despercebidos pelos agentes socioeducadores. Esta atmosfera nos possibilita uma observação mais criteriosa das atitudes e, por vezes, de seus corpos.

Enquanto educadores diferenciados que nos tornamos, aprendemos a discriminar os tipos de comportamento, expressão facial, tom de voz, o cheiro e o som do ambiente, como, por exemplo, sabemos identificar o ruído de uma folha de revista rasgada e o de uma folha de papel de ofício, principalmente por haver uma preocupação constante com a preservação do acervo, tendo cuidado para que não rasguem ou danifiquem o material de leitura.

É interessante observar a esperteza que os adolescentes demonstram quando querem levar as revistas ou livros escondidos para a ala ou para rasgar no banheiro. Primeiramente, é utilizado um disfarce: ficam caminhando de um lado ao outro, puxam alguma conversa fiada, pegam o material desejado e, em segundos, desaparecem.

Com essa observação, recordo-me da atitude de um adolescente, quando lhe perguntei onde tinha parado a revista que ele estava lendo. Simplesmente fiquei admirada de ver ele escondê-la debaixo da camisa, ficando a mesma grudada em suas costas, devido ao suor de um dia quente de verão.

A realidade dessa vigilância concentra-se, segundo Foucault (1987, p. 165), numa *visão panótica*, em que todos os olhares são dirigidos ao interno, um modo de controle entre o normal e o anormal, acionando assim mecanismos de poder sobre ele, frutos da posição que ocupa a instituição total. Na verdade, o olhar vigilante faz parte dessa aparelhagem, cujos mecanismos produzem a relação na qual se encontram os indivíduos, fazendo com que todos acabem se vigiando, inclusive o servidor que cuida mais do serviço alheio que do dele mesmo.

Não podemos esquecer que o olhar vigilante e panótico também é usado pelos internos em relação a quem os atende, propiciando comentários e conclusões a respeito do tipo de vida que leva o servidor público: salário, modelo de carro, onde mora, se tem família ou filhos etc. Isso pode ser observado no comentário de Valério, de 18 anos, sobre o que achava do atendimento dos agentes: "Tá certo que eles pensam muita coisa da gente, mas a gente também pensa muita coisa deles".

Ocupar o tempo livre e trabalhar o ócio negativo é um dos objetivos da fundação. Assistir à televisão e a filmes em DVD, evitando os mais violentos, praticar esportes, participar de campeonatos esportivos e outros eventos, assim como frequentar as oficinas educativas e profissionalizantes são de suma importância, conforme prega o Sinase. Nessa linha encontra-se o trabalho da biblioteca, pois representa o principal cenário desta obra.

No ambiente de leitura, os internos se sentem à vontade para entrar e escolher a atividade que mais lhes interessa: escrever cartas aos familiares e às namoradas, desenhar e obviamente ler. O diferencial é a porta aberta, visando à participação espontânea e voluntária.

No atendimento diário, observa-se o comportamento diferenciado de grupos de adolescentes que apresentam interesses diversos em relação ao espaço. Ora procuram distração, ora querem tranquilidade. Nesse intuito, desejam gozar de algumas vantagens (abrigarem-se da chuva ou do calor, quando estão no pátio, rasgarem às escondidas as revistas com fotos de mulheres e de armas de fogo ou, ainda, levarem algum material de leitura não permitido para a ala).

Como toda a fase de adolescência é complexa, complexos também são muitos dos seus comportamentos e, às vezes, incompreensíveis aos olhos do adulto que está próximo. Lidar com as diferenças é extremamente inquietante; saber o que querem e de que necessitam, quando demonstram esses comportamentos, vai além de um olhar técnico. Lembrando Outeiral (1994, p. 39), se ser adolescente é "difícil", ser um adulto em contato com ele é duplamente "difícil".

A dificuldade não está somente em lidar com adolescentes, mas em lidar com adolescentes que cometeram crimes – estão cumprindo medida socioeducativa, privados de liberdade –, ou seja, que estão *presos*.

Apresentam, por vezes, um jeito arrogante e presunçoso; demonstram revolta constante, que se nota no bate-papo espontâneo que o espaço também oportuniza. Assuntos de característica crítica e raivosa, cobertos de justificativas para os delitos realizados, são normais dentro de qualquer espaço de privação de liberdade, mas menciono um episódio que ocorreu numa conversa na biblioteca, após um adolescente folhear uma revista de celebridades e comentar: "Devia morrer todo mundo... a gente vivendo nessa miséria e esses aí só numa boa. Olha o carrão dele! E esse mulherão só tá com ele por causa do dinheiro. Minha mãe trabalha como uma condenada e nunca vai conseguir vestir os panos dessa aí" (referia-se à mulher da reportagem).

Tal discurso se relaciona dialeticamente com a estrutura social vivida por esses adolescentes, de comportamento moldado em nível social por relações, gênero e etnia, bem como em níveis institucional e situacional.

Nas falas também reside boa parte dos problemas de ordem psicológica, reflexos desse mesmo nível institucional e situacional. Nos relatos se percebe uma aceitação natural da morte, sem valorizar a vida alheia, tampouco a própria vida; a banalização do mal (ARENDT, 1994) que, por vezes, assusta.

Nas pesquisas de Carmem Craidy, é apontado que os indivíduos que moram na rua e roubam para se manter, apresentam comportamento e exigências diferentes dos infratores que usam dos delitos para conquistas das mais variadas. Não significa, de acordo com as circunstâncias, que esses que vivem nas ruas não se possam tornar infratores. Contudo, as exigências são de nível social. Mesmo havendo quem os mantenha, mesmo que estejam estudando, frequentando algum curso ou trabalhando, não se satisfazem com os recursos simples, digamos, pois querem roupas de grife, tênis de marca, dinheiro e, principalmente, carro, ou seja, ostentar. Não que seja negativo a ostentação de certo ponto de vista, o problema é o fato de precisarem tirar dos outros, até a vida, para realizar suas façanhas e manter os vícios.

Há outros casos, como, por exemplo, o de adolescentes que passaram por desarmonias familiares, brigas, doenças, pais alcoólatras, carências afetivas e violência na infância, e que se tornaram revoltados e desconfiados. Consequentemente, havendo oportunidade, eles podem agir com brutalidade. Nessa direção, a banalização do mal, como aponta Hannah Arendt, provém de todas as classes sociais, ou seja, não é preciso ser pobre para ser um bruto (ARENDT, 1994).

Por outro lado, em relação a algumas características descritas, alguns pertencem a famílias de classe média, nas quais nunca houve algum membro que praticou delitos; outros provêm de famílias mais vulneráveis, em que foram "orientados" pelos próprios familiares a iniciarem na vida delituosa; outros possuem parentes que cumprem penas em presídios. Há ainda aqueles que são procedentes de famílias de baixa renda, religiosas, cujos pais afirmam não haver membros da família envolvidos em casos de polícia e alegam ter sido as más companhias a desviarem os filhos.

Pelo contexto do trabalho, é muito natural que a sociedade perceba o ambiente de privação de liberdade ou de presídio de maneira negativa, como realmente o é. Todos procuram usar defesas ali, o lugar é hostil, tem um clima pesado, problemas dos mais diversos e até mesmo o cheiro do local é diferente. Por isso, usam mecanismos de defesa, sorriem quando precisam chorar, e choram quando precisam rir. Demonstram força e poder em simples gestos, ou escondem o medo pelo olhar desviado; a voz muda para um tom mais grave e usam-se gírias para demonstrar fortemente o meio ao qual pertencem; adotam um modo de caminhar espaçado, conforme a situação. A postura do corpo, por vezes, quer representar ameaça e distanciamento. Quando entram na sala para a atividade, dependendo de quem já estiver ali, estufam o peito, deixam a coluna ereta e a cabeça erguida, como se estivessem numa fila de quartel. Atitudes essas que demonstram "macheza", escondendo por certo uma fragilidade que não pode deixar transparecer. Relações de poder subjetivamente internas, através da corporeidade, causando impacto.

Nessa relação, uns procuram intimidar os outros, dependendo de quem seja esse outro. Há certo respeito, por exemplo, por quem cometeu o delito mais grave, ou seja, os detentores do poder "pagam de grandão" (gíria referente àqueles considerados os maiores, em razão do crime cometido, do dinheiro, da liderança ou da malandragem). Em alguns casos, esse poder se reflete em atitudes muito naturais. Quando um pequeno grupo inicia uma baderna, falando alto ou querendo desobedecer às normas da biblioteca, o interno que representa o poder sobre os demais ordena que fiquem quietos. Caso não o atendam, ele dá um ultimato, dizendo que vai acertar as contas mais tarde. Mesmo com a interferência da servidora responsável pela sala, esse interno volta a reforçar o seu status e diz: "Se alguém se metê com a Dona, vai se vê comigo".

3
LEITURA E ESCRITA PERPASSADAS PELOS AJUSTAMENTOS DE GOFFMAN

> (...) João José era o único que lia corretamente
> entre eles e, no entanto,
> só estivera na escola ano e meio.
> Mas o treino diário da leitura
> despertara completamente sua imaginação
> e talvez fosse ele o único que tivesse consciência
> do heroico de suas vidas.
> Aquele saber, aquela vocação para contar histórias,
> fizera-o respeitado entre os Capitães da Areia (...).
> (Jorge Amado, 1982)

Ao longo dessa experiência e de estudos relacionados ao tema, procurei desvendar comportamentos, dando algumas explicações pertinentes, de acordo com o que o contexto me apresentava. Perguntava-me seguidamente o que levava alguns dos adolescentes a rasgarem as revistas e/ou a levarem materiais da biblioteca sem autorização, infringindo novamente em erros, justamente num local destinado a coibir e/ou a conscientizá-los dessas más ações. Por vezes, concluí que, por se tratarem de adolescentes, gostavam de correr certos riscos. Além do mais, o simples fato de conseguirem burlar as regras e elevarem o conceito que os outros têm sobre eles, sendo considerados espertos e, por que não, inteligentes, por conseguirem enganar os agentes socioeducadores, justifica uma atitude aventureira e heroica.

Risco e autorrealização tornam-se de algum modo sinônimos, como argumenta Angelina Peralva (2000, p. 26). Os motivos que os levam a cometer atos infracionais não nos deixam dúvidas sobre o quanto a violência está atrelada às suas vidas e aos riscos incidentes. Tais atitudes também podem ser interpretadas como desvios de comportamento, ou seja, diante do desejo de suprir uma necessidade, não se leva em conta as consequências.

Descrever algumas características para então conhecer melhor a situação dos adolescentes internos foi o método que me pareceu mais apropriado para interpretar as formas de convivência e, por que não, de sobrevivência, adquiridas e ajustadas, conforme esse meio em que eles são provisoriamente inseridos, segundo uma das leis mais aprimoradas do nosso país, o ECA.

Nesse tipo de organização social, é necessário que o indivíduo seja um participante, um contribuinte, um cooperador fiel, conforme a atividade exigida na organização.

Na falta de participação dentro das normas previstas, a tendência é a implantação do controle através de incentivos ou ameaças de penalidades. Assim, é necessário que o indivíduo se ajuste ao meio, como um colaborador "normal", de forma que os demais o julguem como tal.

O indivíduo acaba por se ajustar de uma forma ou de outra. Há inúmeros exemplos para elucidar o que chamaremos de "ajustamentos",[1] designando por assim dizer as formas ilí-

---

[1] Conceito desenvolvido por E. Goffman sobre os ajustamentos secundários.

citas que eles empregam para conseguir burlar esse sistema preestabelecido e normativo, na tentativa de conseguir algo desejado, geralmente proibido, algo que lhe faça esquecer momentaneamente a realidade.

O cigarro é exemplo esclarecedor do emprego dos ajustamentos, considerado moeda corrente do sistema de privação de liberdade, não só por adolescentes, mas por presos adultos de ambos os sexos. Da mesma forma, é comum o uso de artimanhas para se conseguir um cigarro nos hospitais e em casas de recuperação de usuários de drogas. No caso dos internos, eram autorizados alguns maços trazidos pela visita, o que gerava grande disputa e barganhas para se conseguir algo desejado, ainda que houvesse outras formas de se manter o vício, como ser brindado por realizar uma boa faxina a pedido do agente.

Atualmente, a fundação se orgulha de ter eliminado o fumo das instituições, porque estava causando um grande prejuízo à saúde dos adolescentes e dos trabalhadores.

Sobre os ajustamentos, observo o comportamento do interno no momento da leitura, quando o mesmo resolve rasgar a página de uma revista e faz uso de artimanhas[2] para conseguir burlar a norma. Vejo a preferência pelas revistas de carros velozes, tênis e vestuários de marca, mas, principalmente,

---

[2] Quanto mais os internos se aperfeiçoam em burlar as regras, nós profissionais também nos qualificamos no olhar vigilante. No ambiente da biblioteca, percebemos a variedade de artimanhas empregadas para se rasgar as revistas: primeiramente riscam à caneta várias vezes em torno da gravura para marcá-la e retirá-la sem fazer barulho, ou molham a página com saliva para então removê-la mais facilmente. Ou, ainda, rasgam ao mesmo tempo uma folha qualquer para nos confundir com o som. Quando são questionados sobre o que está ocorrendo, justificam ser um rascunho, ocultando do nosso olhar a verdadeira intenção.

as imagens de mulheres vestidas com pouca ou nenhuma roupa, o que aumenta a chance de em poucos dias a revista não existir mais.

Isso também faz parte da experimentação sexual do jovem, que busca autoafirmar-se numa variedade de papéis sexuais, como as paixões por pessoas inatingíveis (artistas da TV que aparecem nas revistas).

O tempo de internação de no mínimo 45 dias é um fator que contribui muito para a negação da Medida Socioeducativa. Para o interno adolescente, esse tempo é demasiado, porque sabem que não terão contatos sexuais com suas parceiras, mesmo para os que têm filhos e recebem visitas semanalmente.

Na política de atendimento socioeducativo não é mais proibida a prática sexual nas unidades;[3] contudo, a situação é polêmica. Existem critérios para a autorização da prática sexual; é bem diferente de sistemas semelhantes, como de presos adultos que têm direito à visita íntima. Tal situação não é aprovada pela maioria dos servidores e de parte da sociedade, porque, mesmo havendo critérios, todos terão esse direito, inclusive os adolescentes menores de 15 anos e homossexuais.

Temos clareza de que, se, por um lado, essa decisão traz dor de cabeça, por outro, evita os abusos sexuais e, talvez,

---

[3] O governo federal publicou, no *Diário Oficial da União* (DOU), a Lei 12.584, que institui o Sistema Nacional de Atendimento Socioeducativo (Sinase) e regulamenta a execução das medidas destinadas ao adolescente que pratique ato infracional. Segundo a lei, "é assegurado ao adolescente casado ou que viva, comprovadamente, em união estável o direito à visita íntima. O visitante será identificado e registrado pelo programa de atendimento, que emitirá documento de identificação, pessoal e intransferível, específico para a realização da visita íntima".

poderá distensionar o impulso juvenil, numa fase da vida tão cheia de energia como é a adolescência. Mas não significa que entre os internos não continuará ocorrendo a estimulação sexual ou mesmo o emprego dos ajustamentos com a intenção de burlar esses critérios e as novas regras.

O tema realmente merece ser questionado. Parte-se do princípio de que não há condições favoráveis, ainda para a execução desse direito na maioria das instituições brasileiras, pois estamos convencidos que a estrutura é precária e a segurança é insuficiente.

Em contraposição, Carmem Oliveira traz à tona a falta de posicionamento dos gestores, e afirma que as práticas sexuais entre os adolescentes na sociedade contemporânea não apenas são aceitas, mas até estimuladas pela erotogeneidade da mídia, com a aquiescência das próprias autoridades judiciais. Sem falar que há um número razoável de internos que são pais (OLIVEIRA, 2001, p. 136).

Certamente, o desejo da prática sexual provoca mecanismos motivacionais nos jovens internos, levando-os, entre outras atitudes, a rasgar as imagens das revistas da biblioteca e, sem autorização, colarem na parede do dormitório, originando um mosaico de fotos femininas que naturalmente deve contribuir para sua imaginação e criatividade. Aliás, esse tipo de comportamento é tradicionalmente aceito nos quartos de rapazes, no que diz respeito às revistas para adultos que geralmente são ocultadas dos olhares da família.

Ressalto aqui a preocupação dos servidores quanto à postura, ao vocabulário e à vestimenta, visando sempre à ética profissional, principalmente das agentes socioeducadoras. Não existe uniforme, mas o bom senso fez com que os trabalhadores providenciassem camisetas pretas e casacos forrados para o inverno com a logomarca da fundação, sendo que jalecos azuis-marinhos e folgados foram distribuídos às pessoas do sexo feminino pela primeira vez em 2002, sendo usados diariamente.

Lembro que é expressamente proibido emprestar qualquer material ao adolescente para que seja levado a seu dormitório, salvo o material de leitura selecionado para este fim. Podemos, então, nos perguntar: Como os internos fazem para colar as gravuras que foram rasgadas das revistas, se não há se quer um tubo de cola à disposição? Simplesmente pegam um pedaço de sabonete ou sabão molhado, espremem, fazendo um tipo de massa, e grudam a gravura na parede. Recurso esse criativo e que é transmitido aos demais.

Com isso, surgem dúvidas em relação à postura do socioeducador, que acaba permitindo a colagem de tais gravuras, o que é proibido, tanto por causa das paredes que ficam sujas como por questões de segurança, pois se pode facilmente abrir pequenos buracos e esconder ali algum objeto. Todavia, em algumas unidades, a prática termina sendo aceita, pois, provavelmente, o agente socioeducador se mostra mais compreensível. Eis o papel dos ajustamentos e dos mecanismos para ludibriar intenções das mais diversas.

O hip-hop pede passagem

Muitos dos exemplos da vida social dos internos não foram registrados somente em contato com a leitura. Em alguns casos, o "olhar etnográfico" me conduzia às alas, na possibilidade de me aproximar mais dos "bretes" – local onde os internos permanecem maior tempo – e, a partir daí, verificar como se utilizam da escrita. Como exemplo trago os escritos que aparecem de todas as formas e tamanhos nas paredes e portas dos dormitórios. Algumas palavras e frases são escritas com canetinhas hidrocor, caneta esferográfica e lápis. Às vezes surgem até riscos feitos com casca de banana, que são de difícil remoção.

Nas paredes é possível ler os nomes de vários bairros de Porto Alegre e de algumas cidades vizinhas, apelidos de internos, desenhos diversos, datas com calendários, nomes femininos e também frases cristãs acompanhadas de santinhos e rezas, os quais eram oferecidos por algum padre, quando havia as missas semanais, ou por qualquer outra pessoa que os deixasse de presente para as orações individuais.

Como estímulo à fé, os santinhos de papel são colados ao lado de mensagens que se tornaram chavões desse sistema: "Só Deus sabe a minha hora" e "As grades podem nos prender, mas nunca prenderão nossos pensamentos". Assim, escritos misturados a colagens de mulheres bonitas e santos católicos formam muitas vezes um mosaico profano.

O modo de usar as paredes para deixar mensagens também foi um dos argumentos para a introdução da cultura hip-hop nas unidades da fundação: a pintura nas paredes, o rap crítico e o artístico, entre outros. No princípio, não foi nada fácil a implantação, mas, na verdade, isso servia para amenizar o impulso juvenil dos internos.

O projeto "Alfabetização ao Ritmo do Rap", organizado por mim em 2000, além de outros fins, serviu como estímulo à escrita, sendo que os oficineiros contratados para as aulas de hip-hop foram de grande auxílio.[4] Atualmente, continuamos com a participação do trabalho dos oficineiros de hip-hop, ministrando aulas interessantíssimas para os nossos adolescentes, com a parceria da escola através do projeto "Mais Educação".

Durante as aulas de hip-hop vivenciamos momentos preciosos. No início houve algumas dificuldades, mas nada que pudesse desacreditar a intenção e a metodologia empregada. Segundo Oliveira (2001), verificou-se a redução do número de incidentes violentos, mesmo nas unidades de maior periculosidade, ou em períodos de maior tensão, apesar da reação de alguns servidores e gestores, que se sentiam particularmente ameaçados pelo conteúdo manifesto na linguagem hip-hop (2001, p. 176).[5]

---

[4] Cabe lembrar que a oficina de hip-hop já acontecia em algumas unidades da antiga Febem. Na época, implantada no Instituto Carlos Santos com o objetivo de auxiliar os adolescentes no processo de alfabetização através do projeto "Alfabetização ao Ritmo do Rap", fato esse relatado pelo *Jornal Diário Gaúcho*, de Porto Alegre, em 1º de setembro de 2000, e mencionado na obra das jornalistas Helena Martinho e Núbia Silveira (2003), autoras de *Ninguém acreditava*.

[5] Outra forma de rebelião juvenil – o Movimento Hip-Hop – conquistava adolescentes nas oficinas implantadas em algumas unidades da Febem-RS.

Cheguei à conclusão de que existe uma força cultural e artística do "bem" que faz da expressão maior do ser humano o nascimento da linguagem ritmada, colorida e em movimento, que são características marcantes da arte. Certamente, são fruto das circunstâncias e de contextos determinados, em que uma cultura de rua, mal interpretada e discriminada, passaria a conquistar o espaço privado dos adolescentes. Como bem assegura o economista e amante da boa música, independente do gênero, Gabriel Rolim, em seu *blog*: "o rap possui notória representatividade junto aos jovens das periferias brasileiras e, para além do mero consumo de uma música, produz sobremaneira efeitos de sentido" (acesso em 11/04/2014).

Diante disso, a escrita passou a ter uma gama de significados, em que a oralidade representava o forte sentimento de um grupo.

Com o desenvolvimento do projeto, muitos dos adolescentes tiveram a oportunidade de elaborar, individualmente ou em grupo, letras de rap. Durante as aulas, sempre aparecia algum adolescente trazendo uma composição musical às professoras/socioeducadoras responsáveis pela atividade, com o intuito de receber uma avaliação sobre a qualidade da composição. O projeto, que inicialmente foi criado para auxiliar os internos considerados analfabetos, na verdade acabou servindo para influenciar os demais que também queriam aprender de forma diferenciada, ou seja, nos moldes da cultura hip-hop.

Como educadora, o sentido desse trabalho estava nas condições de composição de letras musicais, uma vez que o pequeno grupo ainda não estava alfabetizado ou, pelo menos, na minha visão, não tinha adquirido a escrita nos moldes convencionais escolares, a partir da decodificação. Os internos liam palavras de rótulos conhecidos e conseguiam decodificar as letras do alfabeto, sem, contudo, conseguir juntá-las a ponto de formar frases – o que, a princípio, me intrigava. Utilizavam-se da tradição oral nos bate-papos, lembravam-se das letras de rap cantadas por grupos conhecidos da comunidade de onde vieram e, assim, aprendiam a escutar e a transmitir.

O exercício de memorização dos versos era frequente; geralmente as composições são longas, o que, pela cultura de rua, é costumeiro. Para o historiador Viñao Frago, que analisa o alfabetismo e suas conexões com a oralidade, "os que não sabem ler recebem a mensagem da boca de outros ou a memorizam cantando-a".[6]

Nota-se, tanto nas falas quanto nos textos, o uso de vocábulos simplificados, com síncopes, batidas e gírias, para desenvolver temas críticos e, por vezes, agressivos, fazendo-se uso de palavrões. Da cultura oral pública e coletiva à escrita, desenvolvia-se um processo não muito diferente do que acontece em trabalhos em que especialistas internacionalmente reconhecidos divulgam a alfabetização como uma prática social e cultural.

O hip-hop, para muitos grupos, é a chave para a introdução de métodos capazes de estimular os alunos nas disciplinas que exijam maior concentração e interpretação. Acho pertinente mencionar a exposição oral da Professora Ione da Silva Jovino,[7] de São Paulo, a respeito das letras de rap usadas em suas aulas de português:

---

[6] Ver FRAGO, A. V. Alfabetização na sociedade e na história; vozes, palavras e textos. Porto Alegre: Artes Médicas, 1993.

[7] Fórum Mundial da Educação, que aconteceu em 26 de outubro de 2001, em Porto Alegre (RS).

Os raps falam de onde vêm, da etnia, da raça e do meio. Eles falam do meio para o meio. Eles têm autoridade para falar porque são de lá. As letras são criticadas pelo uso do palavrão, pela crítica feita, pelo movimento contra o inimigo – ou seja, a polícia, ou a relação ao sistema de dominação ou de um irmão traidor. O rap, antigamente, se configurava como a imagem do jovem negro. Hoje ele representa a denúncia permanente contra as desordens sociais. A linguagem do rap é um resgate à cidadania (informação verbal – Profª. Ione da Silva Jovino, Fórum Mundial da Educação, 2001).

É notável o quanto o rap pode ser favorável no currículo escolar. Sabe-se da existência da implantação desse trabalho em várias escolas e, principalmente, nas comunidades, através de associações e clubes, dando origem a trabalhos de pesquisa no campo da sociologia, educação, antropologia e letras.[8]

Em relação à Febem, atualmente Fase, não se pode negar que as letras de rap divulgadas na mídia e, consequentemente, elaboradas nas oficinas da fundação apresentavam um conteúdo agressivo, usado para criticar e constranger. Por causa disso, retardou-se a realização de oficinas nas unidades. Na realidade, havia certo receio, por parte de algumas direções, quanto ao que os jovens pudessem escrever nas letras das músicas. Acreditavam os dirigentes que a maneira arrojada com que os encontros se davam, com música, dança e produção textual, poderia provocar uma "motivação generalizada" a uma suposta rebelião.

No entanto, as composições musicais elaboradas com esse objetivo aconteceram timidamente por parte de um pequeno

---

[8] Ver Glória Diógenes, Elaine Andrade, Marília Spósito, Arthur Hunold Lara, Hermano Vianna e Sueli Chan (pedagoga).

grupo de internos. Pode-se dizer, talvez, que a elaboração escrita não tenha sido bem trabalhada ou conduzida pelos responsáveis dessas oficinas. Com certeza, as letras de rap que criticavam algumas direções, os agentes e o sistema caótico da fundação nada mais eram do que uma tentativa desses internos de se ajustarem ao meio, ou seja, de empregar os ajustamentos. Ora, sentimentos de revolta e ironia concebiam um "produto ilícito", mas transmitido de forma lícita.

Quanto à avaliação desse trabalho, acreditei na possibilidade de alcançarem o nível da lecto-escrita através das letras de rap. Buscava-se articular propostas metodológicas baseadas nos portadores de textos, partindo do todo mais amplo para se chegar ao específico. Contudo, a maior dificuldade era o tempo de permanência na unidade, em torno de 45 dias a três meses, o que inviabilizava a proposta. Entretanto, o ponto culminante do trabalho foi a premiação num concurso entre escolas, onde alguns adolescentes, representando o projeto e a unidade, receberam o segundo lugar, com uma das letras de rap de própria autoria, mesmo estando no nível de alfabetização.[9]

Rap do ICS

Nascido e criado no M.S.T. (Morro Santa Teresa),
Rapaziada do ICS cantando pra você
Se liga no papo, SOS consciência
Diga não à violência!
Antigamente eu ficava espantado
Hoje em dia já estou acostumado

---

[9] Esta experiência é relatada na íntegra na proposta de dissertação (SOUZA, 2002).

A morte que sai e ocorre nos jornais
Para aumentar o desespero dos pais.
Pretos ou brancos, não importa a sua raça
Na hora da vingança, não adianta não escapa.
A morte é uma consequência,
Viva em paz e não à violência
E assim... Ninguém quer reconhecer
Que a morte é uma consequência pior pra você;
Viva em paz e diga não à violência!
Pense bem no que irá fazer,
Dependendo da parada você pode até morrer,
Se você souber de mais, o silêncio te cala,
Se der um de "X9", amanhece numa vala.
Se liga, rapaziada do ICS,
Essa gurizada não precisa mas rouba,
Pegue sua identidade, sua carteira de trabalho;

E comece a trabalhar.
Essa vida de ladrão não leva a nada
Já vi meus amigos morrer por quase nada,
Se tivesse em casa com sua mãe ou trabalhando
Isso não ia acontecer.
Se liga, rapaziada, agora você ouviu
O rap da gurizada do ICS.
Diga não à violência!

Tentar definir teoricamente essa experiência tão inovadora e interessante me levou a rever a pesquisa para analisar escutas, observações e estudos sobre o tema da alfabetização. Concluí, por fim, que o grupo tinha dado um salto, apesar de, no período em questão, a maioria estar com cerca de 16 anos de idade e de ter experiências negativas entre muitas idas e vindas à escola.

O processo de ensino-aprendizagem que vivi com esses adolescentes trouxe a exigência de reflexões teóricas, o que me levou a realizar um trabalho com uma formatação mais acadêmica. Mantive por muito tempo um hiato entre meus dados empíricos e uma referência teórica que servisse de sustentação ao contexto social vivido por mim e pelos adolescentes privados de liberdade. Esse hiato foi relativamente superado com o avanço da pesquisa.

4
O SIGNIFICADO DA LEITURA E DA ESCRITA EM EVENTOS DE LETRAMENTO

> Alô, alô, amiga, como vai você,
> senti saudades resolvi lhe escrever,
> espero que esta carta te encontre numa legal,
> com saúde, harmonia e tal. Eu tô por aqui, na fé,
> na paz, na correria, adiantos e mais.
> Faz quase dois anos que a gente não se vê.
> Vira e mexe, eu penso em você.
> Eu lembro das festas que a gente fazia,
> saia às dez da noite, só voltava noutro dia.
> Que barato, que alegria, lembra,
> qualquer lugar a gente ia.
> ("Saudades mil", do grupo 509-E.)

O olhar vigilante do agente socioeducador é fundamental para o bom desenvolvimento do trabalho. Desta atribuição parte a segurança de todos, portanto, o comportamento do interno é atentamente analisado. Na biblioteca, entre os múltiplos olhares, são observadas as características juvenis e, por vezes, infantis[1] dos internos: brincam entre eles de dar leves tapas nas costas ou na cabeça, debocham quando alguém diz

---

[1] Educadores de escolas-abertas, ou que convivem com meninos de rua, também fazem referência à fixação de certas atitudes infantis, que coe-

alguma bobagem, adoram olhar as fotos das mulheres nas revistas (citado anteriormente), comentam sobre o charme que usam na hora da conquista, escrevem cartas de amor, rabiscam os livros e, o que mais me surpreendeu, leem muita poesia.

Na maioria das vezes se percebe, de início, como entram na sala e qual é o discurso: "E aí, dona, descola um livro de poesia que fala de amor".

Sugere-se que escolham um livro nas estantes. Após um tempo em contato com as obras, olhando mais as capas que o conteúdo, dirigem-se à responsável pela sala e perguntam: "Ah, dona, será que dá pra senhora vê um bem legal pra mim?".

A maioria dos livros de poesia escolhidos serve de referência às cartas para as namoradas e para as mães, mesmo para os que desfizeram o vínculo com as namoradas devido ao cumprimento da medida, ou àqueles para quem a mãe não passa de uma lembrança. Em ambos os casos, tentam resgatar os laços afetivos através da correspondência, com base nos textos poéticos.

O livro se torna a busca pelo mínimo de prazer que esse impresso pode representar, principalmente na situação na qual se encontram... Como eles mesmos dizem: "Agora tô preso, né, dona!".

Constatei que o material de leitura é muito requisitado pelos adolescentes. Muitos relatam nunca ter lido um livro antes de serem encaminhados à unidade, a não ser os da escola da comunidade de onde provinham (isso no caso daqueles que estavam estudando). No entanto, com o incentivo de outros

---

xistem com outras aparentemente maduras demais para a idade, como consta no livro de Craidy: *Meninos de rua e analfabetismo*, 1998, p. 63.

colegas, acabam pegando o material para dar uma "olhadinha" e terminam interessados pelo assunto.

Além do mais, a instituição estabelece horários planejados para todas as atividades e, nos momentos vagos, a ociosidade se torna preocupante, principalmente nos finais de semana, em que não há atividades de oficina. É aí que o material de leitura começa a ser valorizado.

As atividades de distração dos internos na denominada "Instituição Total" podem ser coletivas ou individuais. No caso de um centro de internação, as atividades coletivas dividem-se em jogos ao ar livre, assistir à televisão, jogar cartas de baralho, confeccionar peças artesanais de linha (carrosséis--móbiles de linha) ou de papel, na criação de origamis, onde as oficinas de aprendizagem, com no máximo dez adolescentes, se tornam de grande importância no âmbito da educação não formal. Quanto às atividades individuais, na maioria das vezes depende de uso coletivo. Nessa categoria, encaixa-se a frequência na biblioteca, onde o interesse do leitor, o material disponível, ambiente acessível e adequado, assim como a orientação quanto à consulta das obras, são indispensáveis.

Entre os diálogos decorrentes desse ambiente de leitura, chamou atenção o interno Emerson, ao oferecer conselhos para um outro que estava com dificuldades de adaptação: "Ah, cara! Não fica pra baixo, não pensa em fazer besteira. Vem cá e pega um livro que isso aí logo passa".

Após algumas semanas, o interno que recebeu os conselhos do colega indicava a um terceiro adolescente que lesse um dos livros de Fanny Abramovich (2004), tendo inclusive se encarregado de contar o resumo da história para o companheiro.

Essa nova consciência de valorização da leitura fazia emergir o interesse pela linguagem poética, frequentemente adotada por eles. Uma linguagem eternamente compreensível entre os apaixonados e que, por isso, talvez cative tanto o jovem que se encontra numa fase de descobertas, desafios e desejos. Viabilizadas de maneira doce e cativante, as produções escritas falam ao coração e retratam sentimentos tímidos, fazendo renascer emoções típicas do romantismo juvenil.

Perceber que esses adolescentes gostavam de poesia tanto quanto outros que não estavam presos quebrou um dos meus primeiros tabus. Pensava que, por trazerem experiências amargas, demonstrarem condutas maldosas e darem pouco valor aos sentimentos alheios, ou viverem sempre drogados, não poderiam ver na leitura poética algo de belo e profundo. Meu olhar preconceituoso foi então desaparecendo, conforme notava o interesse de cada um pelos livros de poesia. Mesmo os internos com dificuldade de leitura solicitam às responsáveis que lessem para eles. Quando ouviam a leitura oral, respiravam profundamente após cada verso e, no final do texto, ficavam com um olhar sonhador, mirando o alto. Nesse momento não se via mais o adolescente infrator, mas um ser que nem ele próprio conhecia. Isso me faz recordar um filme clássico norte-americano sob o título *Os brutos também amam*,[2] bem como o livro *E por falar em amor*, de Marina Colasanti (1984, p. 15), que trata do comportamento amoroso na nossa cultura e da satisfação dos próprios desejos. Julgo interessante acrescentar a esta reflexão o comentário da autora em relação ao tema aqui abordado:

> Estamos falando de amor, mas é preciso especificar. Não existe um único amor aos quais todos obedecem, mas sim diferentes formas de amor, variando não só de acordo com

---

[2] Filme do diretor George Stevens, gênero faroeste, de 1953.

as diferentes culturas, mas também através da história. A história da humanidade é a história do seu amor. Ao contrário do que gostaríamos, o amor não é rei; obedece às necessidades sociais e se modifica de acordo com as exigências econômicas, geográficas, ou impostas pelas guerras.

Na verdade, a loucura humana é fonte de ódio, crueldade, barbárie, cegueira. E como saber o que nos deixa loucos? Para Morin, sem as desordens do coração e as irrupções do imaginário, e sem a loucura do impossível, não haveria élan, criação, invenção, amor, poesia. O ser humano é um animal insuficiente, não apenas na razão, é também dotado de desrazão (MORIN, 2001, p. 9).

A mesma desrazão que aprisiona, mas que talvez reconheça na poesia o refúgio dos loucos, dos apaixonados, dos contestadores. Outros grupos privados de liberdade também mergulham nos romances, escrevem biografias, contam sobre o universo rodeado de muros e grilhões. O próprio Saddam Hussein, quando preso, dedicou seu tempo a ler o Alcorão e a escrever poesias.[3]

Morin aponta para os princípios subjetivos partindo das trocas para as interações, motivando a comunicação, esta com origens na tradição oral. Momento também de reconhecer a valorização da oralidade, pois, embora existam adolescentes que não sabem ler e escrever, eles são usuários competentes da língua oral. Através da oralidade, conseguem interagir e socializar suas experiências.

Nessa socialização ocorrem os registros. Copiam poemas, escrevem cartas melosas, que sempre contêm um verso

---

[3] "Na prisão, Saddam escreve poesia e cuida de jardim", *Jornal Zero Hora*, 27 jul. 2004.

copiado ou cantado. Entretanto, negligenciam o autor; poucos conhecem o uso da identificação do autor em uma obra. Mesmo informados, preferem ocultar o nome do autor para, então, parecer que são eles os donos da ideia. Digamos que seja um tipo de plágio, perpassado também pela ideia dos ajustamentos, com o objetivo de mostrar às namoradas ou às mães um talento oculto a sobrepor-se a outros indesejáveis.

No que diz respeito às relações afetivas, quando o laço entre as pessoas tem continuidade, ou quando se desenvolve continuamente, provocando a multiplicidade da afetividade, isso passa a ser um fator gerador no desenvolvimento da inteligência – sintonia importantíssima –, o que vem ocupando os espaços de estudo da neurociência sobre a relação entre afeto e cognição.

Ao surgirem poemas, também surgem os autores. Assim como as letras de rap ou qualquer outra composição musical, a linguagem poética é criação muito natural, mas, com certeza, trabalhosa.

A escrita possibilita, assim, um trabalho resultante das interrogações do imaginário, do mergulho em um tempo e espaço. Ora pela importância das interações, ora pela falta das mesmas, tais interrogações resultam na elaboração dos textos. Solidão, tristeza, arrependimento, saudade, amor e ódio são ingredientes suficientes para se criar um poema ou um simples verso, como mostra o texto a seguir:

Leiam minha poesia, que conta a música que não cantei
Leiam minha poesia, que chora as lágrimas que derramei
Leiam todas as poesias do mundo, elas falam o que falei
Leiam todas e não se cansem
Pois nelas eu estarei.

(Adolescente de 17 anos)

O adolescente, através desse texto, convida o leitor a interagir, a conhecê-lo. Insiste para que se leia não só seu poema, mas o de todos os poetas, porque todos falam a mesma linguagem.

Enquanto atividade de interação social, a escrita estabelece diálogo. É compreensível que certos grupos, habituados com a cultura oral e sem dispor de comunicação pessoal, procurem interagir através da lecto-escrita para diminuir distâncias, como no caso das cartas e bilhetes, ou, prioritariamente, através de e-mail, Facebook, Twitter e WhatsApp. Na nossa realidade, alguns na gíria dizem: "mandar um catatau", como o exemplo abaixo ilustra:

> Bã tô só pela liberdade dia 9 acora paz 1 mês que tô nesse inferno. Já enjoei dessa merda, todo dia a mesma coisa acorda as 7 dá mamã. Limpa o Beti as 10, almoça meio dia patio, das 2ash ta 4:30 desce pro colégio. Sobe as 6:30 pra janta depois volta pra aula até as 9:15.
> Vô mandar mais umas pulseiras pra ti e pras tuas amigas.
> Era isso, nada de bom tenho pra falar aqui vê se manda notícias.

Lembro, certa vez, um adolescente que me trouxe um pedaço de papel branco mais grosso que uma folha de ofício e que pediu um giz de cera para pintar. Então, o questionei a respeito disso. Respondeu-me que um colega de dormitório iria ser transferido naquela tarde para outra unidade e que, na intenção de deixar um recado, pedira para o educador uma folha e uma caneta. O servidor, seguindo as regras de não emprestar certos materiais nocivos, negara o pedido. Nesse momento, o adolescente pegou um pedaço de papel qualquer (possivelmente a contracapa de algum livro), tirou um pedaço do alumínio da "quentinha" do almoço e começou a retorcê-lo, até ficar semelhante a um objeto de escrita; escreveu com firmeza, deixando marcado o papel, onde ficou dito: "Que Deus fique com vocês". Logo abaixo, colocou seu nome e telefone para contato.

Essa experiência denota o quanto as interações sociais favorecem modos de apropriação com a escrita, porque existe o fator necessidade que, somado ao fator motivação, incentiva a escrita, mesmo com a inexistência de materiais adequados.

Podemos, então, nos perguntar: Será que esse adolescente utilizaria o recurso escrito para se comunicar, se estivesse livre, na rua?[4] Certamente utilizaria a comunicação oral, pessoalmente ou através de outras pessoas, como refere Viñao Frago (1993, p. 60).

A meu ver, a utilização do bilhete, nas condições e recursos disponíveis, foi o modo que o interno encontrou de fazer uso da escrita, de valorizá-la, de atribuir significados, porque, enfim, esta fez sentido para ele.

Outro aspecto a considerar diz respeito ao turno da noite na instituição, no silêncio do corredor da ala, momento este oportuno para reflexão. Nessas horas surgem as lembranças

---

[4] Na linguagem utilizada pelos adolescentes na fundação, "estar na rua" significa estar fora do "sistema prisional", ou seja, solto, livre.

da família, da pessoa amada e de casa. Alguns necessitam fazer uso de medicamentos devido à dificuldade para dormir, não só pela situação solitária, mas pela abstinência das drogas ou do álcool que provoca ansiedade e insônia.

Evidentemente, existe uma preocupação da gestão com relação a esses plantões, por isso, há concentração razoável de agentes socioeducadores nesse período, pois, não raro, ocorrem tentativas de suicídio. As lembranças trazidas pelo interno vêm seguidas de saudade, arrependimento ou indignação, porque vários acreditam que, no momento do cometimento do ato infracional, se tivessem tomado outra decisão ou tido a sorte de ter escapado dos olhos da polícia, não estariam ali.

Sobre lembranças, compartilho as minhas, trazendo um trecho da música interpretada por Elis Regina: "O bêbado e a equilibrista", de João Bosco e Aldir Blanc, sintetizando sentimentalmente a fragilidade solitária ao chegar à noite:

... a tarde sempre cai pesadamente como um viaduto e nos conduz ao fim do dia, e não há fim que nos caia bem. Quando estamos frágeis, a tardinha parece tipo de morte, por isso as depressões tanta vezes nos atacam a essa hora. O momento em que o cotidiano apaga suas luzes e vamos antecipando o temido encontro com as inevitáveis ruminações neuróticas.

Movido pelas inevitáveis ruminações noturnas, o adolescente Raul, de 17 anos, na 6ª série do Ensino Fundamental, trouxe uma folha de papel com escritos diferenciados. Na folha pautada do caderno, havia uma mistura de símbolos e letras manchadas, que pareciam mais um grafite, onde estava escrito: "Saiba q a verdade e q t amo pois nos meus sonhos sempre estam". Então perguntei:

– O que é isso?

– Escrevi com a butuca do cigarro.

– Como assim?

– Peguei o filtro do cigarro e esfreguei no papel, porque eu não tinha caneta. Senão eu ia esquecê.

– E o que tu escreveste?

– Escrevi pra minha namorada: "saiba que a verdade é que te amo, pois nos meus sonhos sempre juntos nós estamos".

Tfouni (1988), através de vários estudos acerca da aquisição do sistema de escrita, raciocínio lógico e metaconhecimento, traz como exemplo pesquisas sobre aquisição da linguagem escrita, onde propõe que "o cognitivo muitas vezes avança como decorrência de fatores sociais, tal como a capacidade para comunicar-se adequadamente" (id., p. 119). Ou seja, a autora sugere que o conhecimento abstrato, advindo do uso da escrita, em situações que substituem a língua oral (escrever uma carta, ao invés de ter uma conversa pessoal com alguém), pode vir a ser um caminho alternativo para os metaníveis[5] e que esse sistema de conhecimento compete muitas vezes com a instrução passada pela escolarização.

As narrativas produzidas na biblioteca, na escola, ou mesmo no dormitório, são geralmente breves, com erros de português, e alguns apresentam caligrafia indecifrável. A característica dos temas é semelhante, porque as histórias se repetem.

---

[5] "Metanível", segundo Tfouni, baseia-se nos pressupostos piagetianos, o qual explicaria a aquisição do nível meta pela evolução das estruturas lógico-matemáticas até o estágio operatório formal, o que significa atingir uma estrutura cognitiva cujo espelho externo é a própria lógica.

Embora os anos de ensino formal que os internos cursaram sejam insuficientes, as várias leituras que circulam dentro do sistema *prisional*[6] propiciam-lhes o exercício do pensar. Nesse caso, não só as narrativas poéticas, mas quase todos os escritos, oriundos dessa necessidade de comunicação, de troca, de relação com o outro, criam uma atmosfera de diálogo, que é constitutiva da pessoa, pois implica reciprocidade. "Porque o ato de ler envolve essa reciprocidade: o leitor não é simples receptor, ele recria na leitura do texto e estabelece um diálogo com o escritor".[7] Seguindo nessa linha, o neurocientista Ivan Izquierdo, em recente entrevista ao programa "Mãos e Mentes",[8] afirmou que a melhor forma de manter o cérebro ativo é através da leitura. Manter a memória com a leitura é melhor que brincar de palavra-cruzada. Ou seja, colabora para o metaconhecimento.

Cartas e bilhetes – comunicação de uso legítimo de quem está distante, sem possibilidade de usar tecnologia, como, por exemplo, a internet, e com horários e dias específicos para telefonemas – são escritos semanalmente e enviados às mães, namoradas, esposas, avós e amigos. O tipo de discurso da maioria deles se assemelha: contam sobre a vida na unidade, querem saber como estão as coisas em casa, pedem às namoradas ou esposas que os aguardem até retornarem e avisam-lhes para que não procurem "outros caras" enquanto estão ali. Os textos ainda contêm pedidos de roupas, folhas ou linhas coloridas para o artesanato, além da insistência para que venham visitá-los. Como o exemplo a seguir:

---

[6] Metáfora utilizada pelos diversos públicos da fundação referindo-se às unidades de execução de medida socioeducativa.
[7] BENVENISTE (1958) apud CRAIDY, 1998, p. 37.
[8] Programa "Mãos e Mentes", reproduzido pela TVCOM RS, 2 jan. 2013.

> Tito
>
> Valeu pelo apoio que tu ta me dando quero que você fique com migo quando eu sair da qui e eu estou com saudade de de você e claro da cunhada e dos outros amigos á e desculpe pela letra faz bastante tempo que eu não estudo mudando de asunto eu acho que vou pegar de 5 a 6 meses puringuato é so isso que tenho pra te falar eu sou um Homem de poucas palafras

O bilhete corrigido ficaria assim: "Tita, valeu pelo apoio que está me dando, quero que você fique comigo quando eu sair daqui. Eu estou com saudade de você e, claro, da cunhada e dos outros amigos. Ah! E desculpa pela letra, faz bastante tempo que eu não estudo. Mudando de assunto, acho que vou pegar de 5 a 6 meses. Por enquanto é só isso que tenho pra te falar; eu sou um homem de poucas palavras".

Observa-se que muitos querem caprichar na letra, se justificam quando não está benfeita, porque existe este reconhecimento, a exemplo da correspondência anterior. Também gostam de enfeitar as cartas com símbolos de corações e estrelas, usam canetas gel brilhosas, gravuras infantis. E, no final, a maioria escreve: "ti amo de+".

Numa tarde, ao conversar com a instrutora de artes, que aqui vou chamar de Dona C., e que já tem alguns anos de trabalho na fundação, esta me relatou, informalmente, que os adolescentes/internos da Fase gostam muito de usar o "brilho", nome dado à purpurina, ou cola gel, em geral, usados nos artesanatos, mas ali eles a usam nas cartas e nos envelopes artesanais. Disse ainda que o "brilho" é muito usado em todas as salas de artes, assim como enfeites demasiados e arranjos de flores "incrementados". Isso significa, do ponto de vista dessa servidora, que o "brilho" representa beleza, luz, colorido, como na festa de Carnaval; mexe com as emoções, traz alegria.

Dessa forma, incentivamos a maneira carinhosa de se corresponderem oferecendo-lhes folhas de papel de carta decorado e envelopes coloridos, que organizamos em pastas, tipo arquivo, e colocamos à disposição de todos. Contudo, gestores e analistas da educação têm uma visão ambígua a respeito disso. Enquanto, por um lado, esta serve como meio de comunicação ainda insuperável, que possibilita interações, fortalecendo os laços familiares e de amizades, em decorrência da internação, por outro, é considerada um risco, podendo fragilizar o sistema de segurança ou provocar descontrole advindo das mesmas interações, o que pode ser prejudicial para alguns internos. Existe, por exemplo, a possibilidade de ser enviado um desenho que revele o acesso de entrada, a distribuição de salas e dormitórios, o número de janelas da instituição, como num mapa, para que terceiros possam utilizá-lo de forma criminosa.

A desconfiança faz parte do trabalho que é desenvolvido pelos agentes socioeducadores, pois são frequentes os desenhos. Entretanto, podem ser avaliados de forma multifatorial. Janelas e portões de acesso representam o ar, a liberdade, ou mesmo a fuga.

As cartas podem apresentar conteúdo duvidoso, com ameaças, pedido de drogas, comandos para um ponto de venda de entorpecentes. Ainda acontece, por exemplo, de o interno corresponder-se com duas ou três namoradas ao mesmo tempo e, depois, as mesmas virem visitá-lo no mesmo dia, causando complicações.

A meu ver, essas são questões delicadas, trabalhadas por todos que ali executam profissionalmente sua atividade. Contudo, deve-se valorizar essa construção que envolve mecanismos de participação e de interação. O ato de escrever e de desenhar é atribuição de cunho terapêutico e pedagógico deste diferenciado universo social; como o exemplo de se ver dezesseis vezes a frase "Ti amo". Álvaro de Campos que o diga: "todas as cartas de amor são ridículas".[9]

---

[9] Álvaro de Campos, pseudônimo de Fernando Pessoa, consultar: <http://www.insite.com.br/art/pessoa/ficcoes/acampos/508.php>.

Na continuidade desse pensamento, onde as interações criam a corrente comunicativa, a escrita torna-se objeto principal de expressão. Surge, ainda, nas pulseiras artesanais confeccionadas pelos internos, durante os momentos em que estão no dormitório. Essa é uma prática antiga dentro da fundação, e todos a aprendem com facilidade. As pulseiras são feitas de linha de crochê fina, de várias cores. Para realizar a atividade, é necessário ter as plaquetas (moldes de plásticos recortados das garrafas PET descartáveis), amarrar as linhas, por exemplo, no chinelo de dedo; para dar apoio, estica-se o fio, num cumprimento suficiente para ser trançado. Envolve-se a plaqueta e inicia-se um manuseio de nós, que se vai torcendo até aparecer os primeiros símbolos: para cada letra do alfabeto é exigido um tipo de traçado, moldando-se palavras, nomes, e frases. O objetivo principal desta atividade é presentear os familiares ou produzir para o uso próprio. Geralmente, os nomes confeccionados nas pulseiras são femininos. Também gostam de fazer para os irmãos e amigos.

Com o aprimoramento da atividade, passaram a confeccionar colares, anéis, tornozeleiras, móbiles coloridos cheios de traçados, chamados de carrossel. Nos anéis e nas tiras dos carrosséis, cabe somente uma palavra pequena: fé, amor ou paz. Nos colares e nas tornozeleiras são colocadas frases como: "Eu te amo", "Só Deus sabe a minha hora", "Só em Deus eu confio".

O interessante dessa atividade é observar que mesmo que o adolescente não saiba ler nem escrever, ele borda as letras corretamente, porque são símbolos e, geralmente, a atividade é realizada em grupo, onde uns ensinam os outros. Assim, quando o adolescente tem dúvidas sobre como escrever certa palavra, pede auxílio a um outro, situação essa muito comum na biblioteca.

É relevante a maneira como se preocupam em escrever corretamente os nomes próprios, afinal de contas, não querem que as pessoas agraciadas com a lembrança tenham seus nomes com erro de português. Além disso, devemos levar em conta que a sociedade reage de forma discriminatória em relação àqueles que não correspondem às normas por ela imposta.

Outra maneira de utilizarem-se da escrita como demonstração de afeto ou rebeldia é escrevendo no corpo o nome da namorada, da mãe ou dos filhos. Atualmente, os adolescentes chegam tatuados com figuras variadas, feitas de forma artesanal ou por profissional. Em anos anteriores, era comum queimarem-se com a ponta do cigarro, formando o nome da amada, ou ainda riscando a pele com o alumínio retorcido da quentinha. Ousadamente, marcavam-se com cacos de vidro retirados das janelas, quando conseguiam ter acesso a esse material.

Razões para ler e escrever

O comportamento dos internos em relação ao valor que atribuem a certos objetos contraria a ótica do nosso trabalho. Por exemplo, o sistema de controle adotado para empréstimo de livros pela biblioteca é constantemente burlado. Por muito tempo, mantivemos o recurso de empréstimos diários, porém, foram necessárias algumas alterações, passando a ser semanal, ainda que a devolução dos mesmos não o seja. Pegam um livro de poesia, por exemplo, e não devolvem no prazo ou, quando o fazem, está sujo, rasgado ou riscado.

Isso não ocorre somente com os poéticos, mas com quase todo o material emprestado. Os motivos são os mais variados:

o adolescente é transferido para outra unidade, ou desligado, e deixa o livro no dormitório. Na pressa, esquece-se de enviá-lo à biblioteca ou de pedir para alguém entregar. E, assim, o livro fica à mercê das circunstâncias.

Acontece também de o interno, por não ter folhas disponíveis no dormitório, pegar uma das páginas do livro para escrever ou arrancar as páginas das histórias em quadrinhos para confeccionar origamis coloridos. Ou, ainda, numa discussão qualquer do grupo, a primeira coisa que se lembram de jogar, depois do tênis, é o livro. Portanto, a relação com a leitura, nessa circunstância, torna-se ambígua: de um lado, parecem não dar valor ao material impresso, mas, de outro, continuam emprestando esse material e achando necessário justificar-se à bibliotecária, em caso de danos, nem que seja para colocar a culpa nos outros.

Comportamentos e discursos observados nos remete a diversas interpretações conhecidas e a outras pouco reconhecidas dos eventos de letramento,[10] principalmente em instituições prisionais ou responsáveis pelo cumprimento de medida socioeducativa de adolescentes autores de atos infracionais de meio fechado.

Para Tfouni, escrita, alfabetização e letramento, apesar de estarem indissolúvel e inevitavelmente ligados entre si, nem sempre têm sido enfocados como um conjunto pelos estudiosos (TFOUNI, 1988, p. 9). A relação entre eles é aquela do produto e do processo: enquanto os sistemas de escritura são

---

[10] Este termo é utilizado por Kleiman (2001, p. 40). A autora denomina eventos de letramento as situações em que a escrita é essencial para dar sentido à situação, tanto em relação à interação entre os participantes como em relação aos processos e estratégias interpretativas.

produtos culturais, a alfabetização e o letramento são processos de aquisição de um sistema escrito.

Portanto, o letramento, na concepção de Tfouni, torna-se um focalizador dos aspectos sócio-históricos da aquisição da escrita, tendo por objetivo investigar não somente quem é alfabetizado, mas também quem não é alfabetizado, e, nesse sentido, deixa de verificar o individual e centraliza-se no social mais amplo.

Todavia, existem vários conceitos atribuídos ao papel do letramento, desde seu efetivo funcionamento na sociedade até seu potencial para transformar relações e práticas sociais injustas. Dessa forma, cria-se uma dificuldade para conceituar o termo letramento.

Soares (2001, pp. 78-79) afirma ser impossível formular um conceito único adequado a todas as pessoas, em todos os lugares, em qualquer tempo, em qualquer contexto cultural ou político. Estudos históricos documentam as mudanças de concepção de letramento ao longo do tempo; estudos antropológicos e etnográficos evidenciam os diferentes usos do letramento, dependendo das crenças, valores e práticas culturais, assim como da história de cada grupo social.

Portanto, a minha análise engloba os fatores sociais e comportamentais de um determinado grupo, dentro de um determinado contexto, assim como sua relação com a escrita. Nesse sentido, a abrangência desta obra refere-se à clientela de adolescentes privados de liberdade que estão em processo de alfabetização.

Entre as diferenças, semelhanças e proximidades do letramento e da alfabetização, o professor Jean Hébrard, em entrevista à professora Carmem Craidy, para a *Revista Educação & Realidade*, diz que se trata de uma questão difícil (HÉBRARD, 2001, p. 160). Pode haver uma resposta do ponto de vista histórico, porque evidentemente a alfabetização mudou muito ao longo do tempo, e, certamente, a relação das pessoas com a escrita também. Afirma ainda o professor que temos de prestar atenção no uso que as pessoas e os grupos sociais fazem da escrita, nas diferentes camadas sociais e nos diferentes tempos. Atualmente, a informática tem revolucionado o modo de escrever, que se tornou cada vez mais restrito e rápido; as mensagens de texto dos aparelhos celular, do Facebook, os e-mails, são formados por símbolos, gírias e palavras com redução de letras, baseada nos fonemas, e isso acaba influenciando as salas de aula.[11]

O trabalho de investigação sobre letramento desenvolvido na biblioteca Dona Margarida foi realizado com base na pragmática do discurso, e é entendido num sentido mais amplo, que inclui o conhecimento do funcionamento do discurso enquanto atividade de interação social, com todos os seus fatores, ou a competência comunicativa, independente dos participantes serem alfabetizados e/ou escolarizados.

Entre os significados que a escrita apresenta, levo em consideração a produção do adolescente Régis. Esse interno resolveu relatar o seu dia a dia na instituição enquanto cumpria a medida socioeducativa.

Régis não era frequentador assíduo da biblioteca, mas gostava de visitá-la para conversar. Certo dia, perguntou-me se era fácil escrever um livro. Respondi que dependia de cada pessoa, pois, quando temos algo em mente e achamos que isso é bom, devemos colocar em prática, ter força de vontade e, nesse caso, ter tempo disponível. Assim, fazia-me perguntas sobre produção e edição de livros, e também tinha

---

[11] Ver trabalho de pesquisa do prof. dr. Felipe Gustsack, pela Faculdade de Educação da Universidade Santa Cruz do Sul – UNISC.

curiosidade em saber se escrever era algo rentável. Durante uma das conversas, disse-me que estava escrevendo um livro sobre o dia a dia de um adolescente na Febem. Perguntei-lhe, intrigada, por que queria escrever um livro, ao que me respondeu: "Dona, não sei, tive vontade de colocar no papel, escrever o que eu vejo. Escrever as coisas como são".

A partir desse dia, passei a colaborar nos registros de Régis. As dificuldades para escrever eram as mesmas dos outros, só que ele produzia bastante, pois gostava disso. Enquanto lia o material, percebi que ele descrevia em detalhes as coisas que observava. Chamou minha atenção sua visão de interno – porque era um olhar diferenciado do servidor público –, principalmente em razão dos detalhes que nós, socioeducadores, não percebemos. O trecho abaixo se refere às primeiras narrativas do adolescente:

> Como era o meu primeiro dia, fui chamado pela técnica, para ela pegar os meus dados. Ela me perguntou se eu usava drogas, daí teria que passar por médico para receitar remédio, mas eu disse que já usei, mas que não usava mais. "Não sinto mais falta", eu respondi pra ela. Me perguntou quantos irmãos eu tinha. Falei que tinha quatro. Perguntou se eu era casado, eu disse que não, só tinha namorada. Perguntou quem iria vir me visitar. Respondi que a minha família e a minha namorada. Depois eu pedi se dava para telefonar pra minha mãe. Ela autorizou a ligação, falei com a minha mãe, com a minha irmã e com a minha avó. Daí minha mãe disse que vinha me visitar na quinta-feira. Eu subi de volta para a ala e fiz o meu lanche, que era leite gelado e pão com doce de leite. Como não tinha nada mais para fazer porque a outra ala estava no pátio e a gente tinha que ficar na ala fechado, fiquei jogando baralho e conversando com outro guri do dormitório. As horas passaram e um monitor tirou

um guri pra servir a água pra nós. Um pouco depois sobe a janta, após as colheres são recolhidas e contadas e a seguir um monitor passa a "brasa".[12] Mais tarde sobe o plantão da noite e o da tarde vai embora. Mais um pouco e os monitores abrem as portas pra bateção dos pratos. Nesta hora nós vamos ao banheiro. Depois os monitores pegam uns guris pra limpeza do corredor, juntar os papéis do banheiro, um lava as canecas, enquanto outro serve a água pra enfermeira dar os remédios para os outros. Às 21h30 os monitores servem o lanche da noite, que foi "refri" e pão. Quando já lanchamos, os monitores liberam os guris pra escovarem os dentes. Eles falam pra gente aproveitar para ir ao banheiro naquela hora pra não ficar pedindo logo em seguida. Nós voltamos para os dormitórios, eles passam a "brasa" e depois, às 23h, os monitores dão o último banheiro. Passam a última brasa e apagam as luzes dos dormitórios. Quem quiser ficar conversando tem que conversar em voz baixa pra não atrapalhar o sono dos outros ("O dia a dia de um adolescente na Febem", título provisório de Régis (nome fictício, p. 3, material em arquivo).

Saliento que algumas das características apresentadas nesta narrativa diferem-se pela descrição detalhada. Mas ela é repetitiva e, por vezes, enfadonha, ainda que contenha passagens muito interessantes. As repetições refletem a rotina de quem descreve um dia a dia em que se fazem as mesmas coisas e com as mesmas pessoas. Por exemplo, se perguntarmos, na segunda-feira, como foi o final de semana, a resposta geralmente será: "Bem. Tranquilo...", e vem acompanhada de uma expressão facial que denota a intenção de dar outra resposta.

---

[12] "Brasa" é uma gíria que significa acender o cigarro com isqueiro, sob responsabilidade do agente socioeducador. Prática já extinta na fundação.

Não se pode esquecer que são adolescentes que estão presos no final de semana.

O texto de Régis continha algumas partes incompreensíveis e que precisaram ser relidas com ele. Um aspecto interessante que foi abordado, tendo chamado a atenção do adolescente a ponto de ser registrado, diz respeito aos banheiros dos internos não serem iguais aos dos socioeducadores: o vaso sanitário fica direto no chão e tem-se que agachar para fazer as necessidades (vaso tipo francês), o chuveiro é um cano de saída d'água direto da parede. E Régis reafirma:[13] "O nosso é diferente do deles".

Nesse mesmo período, a biblioteca estava "carente" de livros de poesias, e os que tinham estavam desgastados pelo manuseio. Foi quando, através do setor de educação da unidade, fizemos contato com a Câmara Riograndense do Livro para solicitar doações. As coordenadoras da Câmara se interessaram pelo trabalho de fomento e mediação de leitura realizado na bibliotequinha da Fase. Quiseram, portanto, saber se tínhamos interesse em apresentar um projeto contendo os trabalhos dos adolescentes, a ser entregue num prazo de duas semanas. A narrativa de Régis foi o primeiro material a ser enviado, mas, primeiramente, foi necessário digitá-lo. Assim, uma das agentes socioeducadoras, a Dona M., digitou o texto, apesar das dificuldades em entender a caligrafia. Enquanto isso, organizou-se o restante da produção escrita, com fotos e os demais registros, sendo entregue à Câmara para apreciação.

Nossa surpresa foi grande, ao sabermos que consideraram o material muito bom, dentro das condições que fora

---

[13] Descrição semelhante é feita pelo médico Drauzio Varela, referindo-se aos banheiros do antigo Carandiru, no livro Estação Carandiru (2002, p. 39).

produzido, principalmente pelo método de incentivo à leitura que utilizávamos com os adolescentes/internos. Em decorrência desse contato, fomos convidadas a expor os trabalhos dos adolescentes internos na ala infantil da Feira do Livro de Porto Alegre, na Vitrina da Leitura.

Com o apoio da Câmara Riograndense do Livro, o trabalho apresentado foi além da exposição, porque, na verdade, as coordenadoras queriam que os próprios adolescentes pudessem expor seus trabalhos, o que era impossível, em virtude dos mesmos estarem cumprindo medida de internação fechada. Foi difícil esse acordo, porque nós, enquanto educadoras, também queríamos que eles pudessem participar da exposição. Para a Câmara era algo novo, mas não impossível de viabilizar.

Nos últimos anos, a coordenação da Feira do Livro tinha aberto um espaço para os meninos de rua que conviviam na Praça da Alfândega – local onde tradicionalmente ocorre a feira –, com a montagem de barracas e estandes. Esses meninos circulavam naturalmente, ficavam nos bancos da praça ou perambulando, e até furtando as pessoas que passavam pelo local.

Foi quando começaram a pensar numa forma de organizar o espaço público, sem tirar o espaço de quem já frequentava. De maneira inteligente, a Câmara criou o Asteroide, ambiente onde os meninos de rua podiam fazer sua higiene e trocar de roupa. Outros frequentadores da praça participavam da feira através de seus filhos, que participavam da hora do conto nos locais de acesso ao público infantil. Para a organização do Asteroide, a Câmara dispunha de uma policial militar, que com muito jeito fazia um belo trabalho, monitorando as atividades da criançada.

Dando continuidade a essas ideias, a Câmara se posicionou afirmativamente em relação aos adolescentes/internos: "Se os adolescentes não vão à feira, a feira vai até eles". O que resultou na ida de vários escritores à unidade, para um contato com os adolescentes.

No mesmo período, recebemos a visita do escritor Ricardo Silvestrin. A Casa se organizou toda para recebê-lo, pensando nos mínimos detalhes e até no quesito principal, a segurança. Silvestrin chegou de forma irreverente, trazendo nos braços uma caixa com seus livros de poesia, os quais, no final do encontro, foram autografados e entregues a cada adolescente que estava na unidade.

No encontro, além dos agradecimentos, dois adolescentes se apresentaram cantando raps. Para não ficar distanciado da "gurizada", Silvestrin também mostrou que entende do assunto e cantou um dos seus raps. Foi uma manhã diferente, que só mesmo as palavras de um escritor tão bem saberiam descrever, como mostra a coluna do *Jornal Zero Hora* a seguir.

A partir desse dia houve outros encontros com a participação de escritores, poetas, músicos, jornalistas, professores, oficineiros e de alguns agentes socioeducadores que vinham trocar experiências, interagir e produzir junto com os adolescentes.[14]

Dando seguimento, na 48ª Feira do Livro de Porto Alegre, fomos expor novamente os trabalhos dos adolescentes e também mostrar algo novo: o projeto com as crianças, que mais adiante será relatado.

---

[14] Carlos Urbim, Célia Maria Maciel, Magda Colling (SENAC), Olga Alves (contadora de história infantil), João de Souza Machado.

RICARDO SILVESTRIN

Jorge Ben e a Febem

Primeiro sobre o Jor. Esse negócio de chamar o Jorge de Ben Jor foi pra não confundir com o George Benson. Tudo bem (e não tudo benjor), gosto do Benson e de sua guitarra jazzística e delicada. Mas que fique ele com o Jor. Na última Feira do Livro de Porto Alegre, fui convidado para ir à Febem. Foi uma atividade da Câmara do Livro. Como os meninos não podiam ir, a feira foi até eles. No meio do papo, lembrei do Jorge. Não do George.

A escolha recaiu sobre mim porque os garotos adoram poesia. Sim, os internos da Febem vão à biblioteca e devoram, arrancam páginas e até roubam os livros de poemas. Escrevem também os seus. Comecei falando para eles que aos 12 anos de idade eu já tinha estado na Febem. Calma. Era um campeonato de futebol que seria disputado lá. Meu time, o Liverpool, jogou contra a Febem. Fiz um gol de pênalti.

Levei o *Palavra Mágica*, um dos meus livros de poemas. Eles já haviam lido, conheciam os textos e me deram um cartão assinado por todos com um dos meus haicais: "podem tirar tudo da gente / menos a beleza / dessa lua crescente". Nunca imaginei que esse poema pudesse ter essa interpretação.

Cantei para eles alguns raps meus. Aplaudiram. Olha, ter meu rap aplaudido por eles, especialistas no gênero, é mais ou menos a mesma coisa que ter sido titular do Liverpool. O time era da Vila Cefer 2. Alguns garotos cantaram os raps que tinham feito. Técnica apurada, métrica perfeita, corte, suingue, acompanhamento de efeitos com a boca. As letras falavam do destino deles. Como vieram parar ali. Da dor que era isso tudo, da solidão, da falta de namorada, do arrependimento, da revolta.

Lembrei da música *Take it Easy, my Brother Charlie* do Jorge Ben. Nela, ele pede calma ao seu irmão de cor, Charlie, e diz: "depois que o primeiro homem maravilhosamente pisou na Lua / eu me senti com direitos com princípios e dignidade de me libertar / por isso sem preconceitos eu canto a fantasia / eu canto o amor / eu canto a alegria / eu canto a fé / eu canto a paz / eu canto a sugestão / eu canto até pra minha amada, esperada, desejada, adorada / Take it easy, my brother Charlie, take it easy, meu irmão de cor". Pensei, lá na Febem: será que, mesmo do fundo dessa tristeza toda, não ia aparecer um Jorge Ben? Alguém capaz de dar a volta por cima e ver que, mesmo discriminado, é um ser humano capaz de ir à Lua.

Até que um menino cantou o seguinte: "agora minha faca é a caneta / meu revólver o microfone". Um garoto que estava encontrando no rap uma maneira de ir além daquilo tudo. Se vai conseguir, não se sabe. Mas já está fazendo o que a arte faz pra qualquer artista: sublima, reelabora e cria um espaço próprio de possibilidade de viver no mundo.

No final, dei um livro meu de presente para cada um dos 30, dizendo que esse eles não precisariam roubar da biblioteca. Um deles levantou a mão e perguntou: "o senhor poderia autografar nos nossos livros?".

ritor

ZERO HORA ◆ PORTO ALEGRE, SÁBADO, 8/06/2002

Várias pessoas tiveram a oportunidade de conhecer a produção escrita de Régis e de ver sua exposição na Vitrina da Leitura, inclusive deixando mensagens escritas para ele. Inclusive, a poeta Célia Maria Maciel, depois de ler a narrativa, salientou que o seu desejo "era que o livro fosse aonde ele não pudesse ir".

Logo em seguida houve a transferência de Régis para outra unidade de Porto Alegre. Visitei-o uma vez, mas, com o passar do tempo, perdemos o contato. Por intermédio de um técnico em educação, vim a saber que continuava escrevendo o livro; entre os seus intentos, queria despertar o interesse de alguma editora para publicar o livro. E, devido a sua persistência, chamou a atenção das jornalistas Helena Martinho e Núbia Silveira, autoras de *Ninguém acreditava*, obra resultante do projeto que o Fórum do Trabalho Educativo desenvolveu com os adolescentes na fundação, em forma de oficinas. Do encontro com as jornalistas, surgiu a entrevista que consta no livro das autoras, bem como a inserção de trechos do livro de Régis, relatando o início de sua produção.[15]

Devo admitir que o trabalho o realizado não tem por objetivo formar escritores através da frequência na biblioteca, mas sim promover o desenvolvimento de sujeitos capazes de utilizar a escrita sob as mais variadas formas e possibilidades.

---

[15] "Dia 15/10/2001. Chegou segunda-feira de manhã, eu arrumei todas as minhas roupas. Porque eu ia ser transferido na segunda-feira de manhã ou de tarde, mais mesmo assim eu arrumei todos os meus pertences. Às 8 horas desci para o pátio. No pátio eu fui à biblioteca falar com a dona Solange, que é a que cuida da biblioteca, que é morena clara, tem mais ou menos 1 metro e 65 centímetros, usa óculos. Que é que está me dando auxílio para ajeitar o meu livro que estou escrevendo. Depois que eu falei com a dona Solange, eu fui à sala de artes, para pintar uma escultura de argila que eu fiz na semana passada..." (apud MARTINHO; SILVEIRA, 2003, p. 104).

A elaboração de uma narrativa diferenciada é o reconhecimento desse uso. Certamente, é notório o desenvolvimento cognitivo em metaníveis, o que facilita a capacidade de comunicação, a partir de interações para novas interações.

Lembro de conversar com Régis e, de forma curiosa, ele observava as estantes recheadas de livros. Reconheço que não era do tipo que gostava de ler, mas sabia valorizar aquele espaço e, acima de tudo, respeitar o trabalho realizado ali. Talvez o fato de não ter apropriação da leitura, de não tê-la desenvolvido, fizesse com que ele se mostrasse distante, até certo ponto, do mundo da leitura, mas não necessariamente do livro, suporte que o aproximava de alguns dos seus sonhos.

Sabe-se que, para quem não tem o hábito da leitura ou não é alfabetizado, estar numa biblioteca pode tornar-se uma atividade complicada e, às vezes, constrangedora. Foucambert afirma que o sentimento é o mesmo de se estar perdido e deslocado. "A convivência estreita com livros, o fato de retirá-los em bibliotecas, é atividade normal para quem é leitor; mas é uma atividade necessariamente difícil para quem é decifrador" (FOUCAMBERT, 1994, p. 14).

A maioria dos adolescentes que ingressa na unidade ainda está em processo de alfabetização. Apesar dos avanços na educação, eles apresentam dificuldades para escrever um simples bilhete ou até mesmo o próprio nome. A caligrafia muitas vezes é indecifrável. Encontram-se entre o 3º e 7º ano do Ensino Fundamental, com clara defasagem escolar, e grande parte já não frequentava mais a escola no momento em que ingressara no sistema Fase.

Na convivência com esse ambiente letrado, o grupo de adolescentes que participa das atividades é bastante heterogêneo, composto por adolescentes que cursam todos os anos da escola de Ensino Fundamental.

Durante o período da manhã, a biblioteca tem maior frequência de pessoas: é raro o dia em que não há participantes. Quando é necessário que a sala fique fechada para alguma reunião ou limpeza, os internos ficam o tempo todo batendo na porta ou esperando em frente, sentados no chão. Todos querem realizar alguma atividade ou, simplesmente, conversar com as "donas" da biblioteca.

Quando entram procurando algo para fazer, todos recebem o mesmo tratamento. Conforme solicitam, o material é entregue, mas sempre se advertindo quanto à devolução. Gostam de escolher a cor da caneta para escrever (rosa, roxa, verde, vermelha, azul, preta), o lápis mais bem apontado e a folha de carta mais bonita. Os que mais gostam de ler ou folhear as revistas distribuem-se entre os poucos lugares disponíveis, ora nas cadeiras, ora no chão com almofadas e, por vezes, de pé, quando não há mais lugares.

Devido à falta de espaço, em alguns momentos devemos interferir quando ocorre alguma discussão pela disputa de lugares.

Não se pode ignorar o número de usuários na biblioteca: de maneira rotativa, durante o período de um mês, dependendo da população na unidade, chega a girar em torno de 300 adolescentes.[16]

Quanto ao interesse por revistas, os adolescentes preferem olhar as que contêm imagens ilustrativas de carros, armas, esportes, celebridades e, certamente, as mulheres. Nesses casos, é preciso ter atenção redobrada, para que não sejam rasgadas ou furtadas. Além de serem incentivados a ler pelo menos uma reportagem ou artigo.

---

[16] Fonte documental através do livro de registro de assinaturas em arquivo.

Como o grupo é bastante heterogêneo, costumam surgir críticas direcionadas aos que estão em processo de alfabetização, ou seja, em relação aos que ainda não dominam a leitura de forma proficiente, o que faz surgir rótulos do tipo: "analfabeto e burro", e colocações como: "Aí, dona, não adianta, esse aí não sabe ler!".

Certa vez, fora observado um interno lendo um livro de cabeça para baixo, e, com jeito, foi lhe pedido que prestasse mais atenção ao que estava fazendo. Nesses casos sempre se procura ter cuidado com o quê e como se fala, pois, dependendo, o visitante poderá não retornar.

Os que estão em processo de alfabetização não se diferem dos demais, de séries adiantadas, isto é, executam as mesmas atividades, só que com algumas diferenças: pegam o material de leitura – folheiam mais do que se atêm ao assunto –, trocam de revistas o tempo todo e, no final, reclamam por não haver novos materiais. Todavia, houve alguns casos em que nos surpreendemos com o resultado de tal prática.

Augusto, Carlos, Lucas e Rogério representaram um caso especial, pelo simples fato de não serem alfabetizados, mas se mostrarem leitores assíduos. Eles passaram pela escola da sua comunidade anteriormente, sendo dois deles reincidentes, e os outros, novatos no sistema.

Gostavam de estar na sala conosco. Pegavam as revistas e as histórias em quadrinhos e liam em silêncio; não gostavam muito de conversar com os demais participantes. O interessante disso é que, depois de algum tempo, percebemos que eles eram simples decifradores do código alfabético, devido à assinatura no livro de presenças, a qual era mal redigida e ilegível. Ninguém percebeu que apresentavam essa dificuldade. Vendo o interesse desses quatro pelo ambiente de leitura, resolvi conversar com a professora da escola para saber como era o desenvolvimento dos mesmos na sala de aula.

Relatou-me que, durante o tempo em que estavam frequentando as aulas, demonstravam interesse pelos conteúdos e estavam aprendendo num ritmo mais rápido do que os outros.

Contei-lhe que assiduamente participavam da biblioteca e que liam frequentemente revistas, gibis, além de pegarem livros pequenos para o final de semana.

Carlos e Augusto reclamavam quando não havia revistas novas. Inclusive, procurávamos conseguir novos materiais para que não perdessem o interesse.

Era evidente o desenvolvimento desses alunos nas aulas. Pareciam ler os textos com entendimento e, quando algo não era suficientemente claro, pediam discretamente que lêssemos para eles. Não éramos somente nós que tínhamos essa tarefa, pois alguns internos também colaboravam.

Cito como exemplo semelhante o caso de Tito, de 13 anos, estatura baixa, que vivia pelas ruas de Porto Alegre e gostava de pegar histórias em quadrinhos e livros infantis que contivessem imagens. Na primeira vez que tive contato com ele, iniciei perguntando o seu nome. Respondeu-me pausadamente, então questionei:

– Tudo isso?

– Dona, meu nome tem 26 letras.

– É mesmo? Vou contar – contei em voz alta e verifiquei que tinha 25.

– Ah, dona, eu não sei escrevê de-sem-men-da-do... só sei assim, e assim dá 26.

– Então escreve aqui o seu nome – e ele escreveu somente o primeiro nome.

– Cadê o resto?

– Só sei assim.

– Por quê?

– Não sei escrevê, sou analfabeto... não sei de nada, sou burro.

Procurei explicar-lhe que não era analfabeto, que só não conhecia um código. Então, falou:

– Marcou o gibi, dona, pra mim levá pra lê? Os meus amigos lá em cima leem pra mim.

Acredito que "acabar com o problema do analfabetismo significa atacar essa mentalidade que faz com que o analfabeto acredite e se convença de sua ignorância, de sua impossibilidade de aprender". É esse o desafio que temos de ajudar a transformar. Desafio que Paulo Freire nos deixou como legado. Não podemos cruzar os braços, pensar que tudo é difícil e acreditar que essa dificuldade seja recheada de impossibilidades. A educação já é um desafio, um desafio para quem aprende e para quem ensina. É bem maior o desafio de aprender num espaço-tempo limitados.[17]

Em relação ao progresso escolar desses adolescentes, conclui-se que a prática da leitura, vinculada, por assim dizer, às condições favoráveis do ambiente, facilitou, por sua vez, maior progresso na aprendizagem, ou seja, um novo patamar de leitura, ou um metanível, como conceitua Tfouni (1998, pp. 119-121).

No Rio Grande do Sul, o município de Morro Reuter é um exemplo real de incentivo à leitura. Além disso, logra

---

[17] "O processo educativo segundo Paulo Freire e Pichon-Rivière." Seminário promovido e coordenado pelo Instituto Pichon-Rivière, de São Paulo. Petrópolis: Vozes, 1987.

um festejado índice de 98,4% de alfabetização apurado pelo IBGE em 2000, que pode ser atribuído à importância dada ao ensino, desde o início da colonização, e também às diversas ações desenvolvidas no município: feira anual do livro, com diversos escritores convidados, bônus patrocinados por empresas para que estudantes possam adquirir livros durante a feira, hora semanal de leitura nas escolas, sarau poético, leitura compartilhada nas repartições públicas municipais e diversos projetos que destacam a cidade como sendo a que possui o maior número de alfabetizados do país. Programas de fomento à leitura, como o do município de Morro Reuter, demonstram que é possível vencer o iletrismo.

Quanto à alfabetização no sentido estrito da lecto-escrita, Viñao Frago (1993) acrescenta que tais confluências constituem o campo fértil em que germinou e cresceu uma terceira fase, na qual a história da alfabetização, a partir da história sociocultural, abre-se a considerações ainda mais complexas e profundas. Já não é história da alfabetização *stricto sensu*, mas história dos processos de comunicação, da linguagem e do pensamento, isto é, da mente humana (FRAGO, 1993, pp. 70-71).

Muitas são as experiências a relatar e aprofundar a respeito dos níveis de letramento dos adolescentes privados de liberdade, e as quais, em parte ou num todo poder-se-ia pesquisar, nas circunstâncias apresentadas, mas esse não é o foco de análise deste livro.

Procuro analisar minha experiência à luz de outras experiências semelhantes, buscando apoio em autores que procuram desvendar os meandros e artimanhas que sustentam a construção do saber num período de descobertas que é a adolescência. Jean Foucambert (1994) esclarece essa questão de forma inconfundível. Acrescento parte do texto desse autor que reforça tal pensamento, com o que concluo este capítulo:

> Aprender a ler exige estar integrado num grupo que de fato já utiliza a escrita para viver e não para aprender a ler. A primeira condição é, portanto, a heterogeneidade. Um grupo homogêneo de não leitores dificilmente poderá oferecer a seus membros as condições de um uso real da escrita. Para aprender a ler, o não leitor deve se relacionar com os textos que leria se soubesse ler, para viver o que vive. O ambiente deve comportar-se com o não leitor como se ele já possuísse os saberes que deve adquirir. (...) Para aprender a ler, enfim, é preciso estar envolvido pelos escritos os mais variados, encontrá-los, ser testemunha de e associar-se à utilização que os outros fazem deles – quer se trate dos textos da escola, do ambiente, da imprensa, dos documentários, das obras de ficção. Ou seja, é impossível tornar-se leitor sem essa contínua interação com um lugar onde as razões para ler são intensamente vividas – mas é possível ser alfabetizado sem isso (FOUCAMBERT, 1994, p. 31).

5
LIVROS, LITERATURA E LETRAMENTO

> Os livros são objetos transcendentes
> Mas podemos amá-los do amor táctil (...).
> (Caetano Veloso, álbum "Livro", 1997)

Nos capítulos anteriores, foram apresentadas algumas das atividades de distração, tanto coletivas quanto individuais, que ocupam os adolescentes/internos diariamente na instituição, assim como a importância das mesmas para o bom desenvolvimento individual e do grupo. Entre estas há outras tarefas que se referem à rotina da Casa, como a limpeza do ambiente, organização do dormitório e higiene pessoal, que não estão dissociadas das demais atividades.

Muitos dos adolescentes fazem questão de participar das oficinas de aprendizagem e das atividades de limpeza, porque sabem que, além de ocupá-los, também lhes garantirá uma boa avaliação perante as chefias e equipe de analistas, com pretensões positivas de seu perfil a serem encaminhadas ao juiz. As atividades são acompanhadas diretamente pelo socioeducador, instrutor, professor e/ou oficineiro.

É ainda interessante observar os internos que não querem ler nem escrever, mas que entram na sala somente para assinar o livro de presenças. Essa atitude tem como intuito garantir pontos positivos em sua avaliação, pois sabem que a qualquer momento pode haver a visita de algum representante do juizado ou da presidência da fundação que porventura olhe o livro de registro e veja o seu nome assinado.

Conforme as autoras Martinho e Silveira (2003), no entendimento do adolescente, o seu nome será visto, e, assim, o livro de registros contribuirá para os seus resultados de desempenho. É uma atitude oportunista. Eles sabem o que vai ser bom ou não para eles, sabem como "jogar", e usam as oficinas para serem mais bem avaliados.

Compreender esse tipo de atitude é reconhecer os interesses de mudança e como o interno/adolescente consegue projetar sua imagem e identidade – preocupação natural na adolescência, principalmente quando tenta manter-se equilibrado ou ajustado a um determinado meio.

Para Goffman, os ajustamentos empregados são reafirmados, por assim dizer, pelos mecanismos de defesa que o ser humano emprega em prol dele próprio, tão bem explicado pela psicologia, e que está intrínseco em qualquer sistema de privação de liberdade, seja na prisão, hospital ou no castigo doméstico (GOFFMAN, 2001, pp. 159-160).

Os humanos são feitos para se adaptar. Através do mecanismo dos ajustamentos, buscam consolos ou fantasias para tentar contornar seu estado emocional. Atividades que ocupam o ócio negativo ajudam nesse processo, mas nem sempre estará a seu alcance, e nem seria possível estar, segundo as regras da instituição.

A televisão é assistida coletivamente durante o horário do pátio, não podendo o interno simplesmente escolher as emissoras de seu agrado, porque a escolha é coletiva ou determinada pelo agente socioeducador, o mesmo acontecendo com o rádio. O som é transmitido por pequenas caixas que ficam na entrada do corredor da ala, e todos ouvem conjuntamente, com exceção de unidades que autorizam aparelhos de MP3, mas, nesse caso, também há regras para seu uso.

Entretanto, a leitura é uma atividade que considero de fantasia íntima e, dependendo da instituição, pode estar ao alcance do interno ou da interna, desde que seja informado onde e como fazer para conseguir um livro emprestado. Embora algumas instituições da fundação ainda não contem com bibliotecas ou salas de leitura, enquanto escrevo estas linhas caminhamos rapidamente para superar essas defasagens. Atualmente, no estado do Rio Grande do Sul, conta-se com a parceria do Banco de Livros da FIERGS com o projeto "Tesouro Literário", que tem por objetivo assegurar aos internos o acesso à informação e à literatura, através de um plano de ação para implantação de espaços de leitura, dando uma *nova cara* a esses ambientes que realmente deverão guardar "tesouros".

Em se tratando de caracterizar as fantasias íntimas, naturalmente, a memória do jovem interno poderá receber estimulação sexual a depender do que é lido e do que é visto, mas, neste caso, o conceito aqui abordado também é associado ao ato de ler e a sua ação multidimensional. Segundo Neves (1999, p. 219), no momento da leitura é acionada no indivíduo uma gama de processos mentais que lhe permitirão apreender, rememorar, associar, compreender, interpretar e assimilar, para, em sequência, reelaborar, de uma ou várias formas, sequencial ou simultaneamente, a mensagem que se apresenta.

Dessa maneira, quando um interno resolve declarar pessoalmente o que sente a partir desse exercício, considero a leitura parte de um precioso processo de reflexão e de aprendizagem. É claro que só isso não basta para sua formação educacional, mas, dadas as circunstâncias, por alguns momentos pode compensar: "Quando estou no 'brete' (dormitório da ala), me aprofundo na mais linda leitura, pois me sinto só... só com o livro estou bem, pois passa o tempo, me completa e eu viajo na imaginação. Escolho um livro que tem a ver comigo, pois aí me identifico com o personagem e, às vezes, me coloco no lugar dele e penso nas atitudes tomadas e que vão se tomar" (Jofre, 16 anos de idade, 7º ano).

Marchi (1999, p. 160) considera que as sugestões do autor são como doses estimulantes para a imaginação. Os arquivos da memória são revirados e de lá surgem paisagens, rostos, gestos, cenas, imagens, objetos, tios, vizinhos, avós, lembranças perdidas evocadas por uma frase, uma imagem, uma descrição. Na interpenetração entre os fragmentos da vida real passada e os fragmentos da presente ficção proposta pelo autor, localiza-se a percepção do leitor. A imagem a seguir mostra com clareza e bom humor o que representa a leitura para as pessoas que estão privadas de liberdade.

Fonte: Leia um livro.[1]

---

[1] Segundo o Blog Haznos, houve um concurso para chargistas no Irã em que o principal mote foi a leitura. Os participantes deveriam fazer

Realmente é um momento único, de reflexão, consigo mesmo, e, por que não, de esperança. Uma companhia agradável que pode mexer em sentimentos bem guardados ou, ao contrário, criar uma atmosfera de angústia e medo, de acordo com as experiências vividas; inversamente, a alegria e o prazer podem ser buscados por outros meios, entre eles através da superação de dificuldades.

Tenho claro que as pessoas que gostam de ler utilizam-se dessa prática para passar o tempo e se distrair. Num dormitório fechado, pequeno, com outros adolescentes, como referido anteriormente, é ainda mais evidente essa intenção, e isso ajuda a apaziguar emoções e rever momentos positivos da vida. Nesse intento, surge a biblioterapia, para colaborar nos tratamentos de ansiedade e depressão; recomendada por psicólogos e médicos aos pacientes internados.

Sem exceder entre conceitos e novos entendimentos, vejo o livro como artefato de consolo ou, na linha da biblioterapia, como medicamento no tratamento de doenças emocionais.[2] É o que demonstra os últimos trabalhos em prosa do irlandês

---

charges que incentivassem as pessoas a lerem mais. O autor é desconhecido, mas, com o resultado do concurso, se divulgou as várias ilustrações que envolviam livros e práticas da leitura como esta em referência ao tema aqui abordado. Consultar: <http://haznos.org/2013/02/leia-um-livro/#more-75078>. Acesso em: 25 fev. 2013.

[2] Médicos e psicólogos indicam a leitura para aliviar sintomas de diversas patologias. A prática recebe o nome de "biblioterapia clínica", definida como a recomendação de livros para curar angústias pessoais, estimular emoções, promover o diálogo e acabar com a insônia. A biblioterapia favorece a expressão dos pensamentos aflitivos, como uma descarga emocional, uma purgação – observa a professora Clarice Caldin, do Departamento de Ciências da Educação da Universidade Federal de Santa Catarina (UFSC). Fonte: *Jornal Zero Hora*, p. 8, 20 abr. 2013.

Oscar Wilde (1898), figura pública e literária que permaneceu preso por dois anos na prisão de Reading, sob o regime penitenciário britânico. As cartas escritas por ele ao sair da prisão e enviadas ao jornal *Daily Chronicle* contribuíram para o debate que se estabelecia na época sobre importantes reformas penitenciárias. O trecho a seguir explicita a posição do autor:

> Com respeito às necessidades da mente eu imploro que me permitam dizer alguma coisa.
>
> O atual sistema penitenciário parece quase ter como objetivo a demolição e a destruição das faculdades mentais. A produção de insanidade é, senão seu objetivo, certamente seu resultado. Este é um fato bem comprovado. Suas causas são óbvias. Privado de livros, de todo o relacionamento humano, isolado de toda a influência humana e humanizadora, condenado ao silêncio eterno, roubado de toda a relação com o mundo externo, tratado como um animal sem inteligência, mais brutalizado que um selvagem, o infeliz que é confinado em uma prisão inglesa dificilmente escapa da loucura. Eu não quero me estender sobre esses horrores; ainda menos excitar qualquer interesse sentimental momentâneo sobre esses assuntos. Então vou simplesmente, com sua permissão, apontar o que deveria ser feito.
>
> Cada prisioneiro deveria ter uma provisão adequada de livros. No momento, durante os três primeiros meses de aprisionamento, não é permitido nenhum livro, exceto a Bíblia, o livro de orações e o livro de hinos. Depois disso é permitido um livro por semana. Isto não é somente inadequado, mas também os livros que compõem a biblioteca de uma prisão comum são totalmente inúteis. [...] Os prisioneiros deveriam ser encorajados a ler e deveriam ter qualquer livro que desejassem, e os livros deveriam ser bem escolhidos (WILDE, 1996, pp. 173-174).

As coisas já melhoraram bastante neste aspecto. Recentemente, foi publicada no *Diário Oficial da União* a Portaria n. 276 do Departamento Penitenciário Nacional (Depen), assegurando que os presos que se dedicarem à leitura de obra literária, clássica, científica ou filosófica, poderão ter as penas, em regime fechado ou semiaberto, reduzidas. A cada publicação lida, a pena será diminuída em quatro dias. No total, a redução poderá chegar a 48 dias em um ano, com a leitura de até 12 livros. As normas preveem que o detento terá o prazo de 21 a 30 dias para a leitura de uma obra literária disponibilizada na biblioteca de cada presídio federal. Ao final, terá que elaborar uma resenha, que será analisada por uma comissão de especialistas em assistência penitenciária.

O participante do projeto contará com oficinas de leitura. A comissão avaliadora também observará se as resenhas foram copiadas de trabalhos já existentes. Caso sejam consideradas plágio, o preso perderá automaticamente o direito de redução de sua pena. Vejo que as práticas de leitura ocorridas com diferentes grupos acontecem de acordo com o momento e as necessidades diversas, sendo que iniciativas públicas geram benefícios e colaboram para o Estado Democrático de Direito.

Em outro aspecto, ressalto a importância do assessoramento bibliográfico por pessoa responsável, de preferência o profissional de biblioteconomia; porque é preciso encontrar o livro certo para o momento peculiar de cada leitor. O livro certo é aquele cujo personagem principal, o leitor, pode se projetar e elaborar suas próprias vivências e conflitos (PINTO; PRADO, 1994, p. 104).

De fato, o apreço à literatura clássica é menos interessante aos adolescentes contemporâneos; leituras de difícil linguagem, escritas em outra época ou de culturas diferentes tornam-se indesejáveis, principalmente quando estão desenvolvendo o hábito de ler.

Entre os nossos frequentadores, apesar de todos lerem, cada um em seu nível de letramento, não é comum o interesse por obras de Machado de Assis, a não ser os que cursam o Ensino Médio com vistas ao vestibular, o que ainda é remoto. Certa vez, o adolescente Jarbas, cursando o 7º ano, me perguntou se havia algum livro de Machado de Assis. A namorada tinha lhe aconselhado a ler. Então, foi-lhe mostrada a prateleira, onde escolheu *Memórias Póstumas de Brás Cubas*. Passados três dias, Jarbas devolveu o livro dizendo que não continuaria com a leitura porque falava de racismo e ele não gostava desse tipo de coisa. Disse ainda que havia partes do livro que o deixaram triste. Perguntei quais... Respondeu-me que a do capítulo da Pêndula, porque se identificou com a situação, e comentou: "O beijo que ele deu nela, o modo como ele se vira na cama, a solidão do quarto, sei lá...".[3]

A seguir o trecho referido pelo adolescente:

... Saí dali a saborear o beijo. Não pude dormir; estirei-me na cama, é certo, mas foi o mesmo que nada. Ouvi as horas todas da noite. Usualmente, quando eu perdia o sono, o bater da pêndula fazia-me muito mal; esse tique-taque soturno, vagaroso e seco parecia dizer a cada golpe que eu ia ter um instante menos de vida. Imaginava então um velho diabo, sentado entre dois sacos, o da vida e da morte, a tirar as moedas da vida para dá-las à morte, e a contá-las assim:

– Outra de menos...
– Outra de menos...

---

[3] Interno de 16 anos que roubava desde os 10 anos de idade. Este era seu primeiro ingresso na instituição.

– Outra de menos...
– Outra de menos...

O mais singular é que, se o relógio parava, eu dava-lhe corda, para que ele não deixasse de bater nunca, e eu pudesse contar todos os meus instantes perdidos. Invenções há, que se transformam ou acabam; as mesmas instituições morrem; o relógio é definitivo e perpétuo. O derradeiro homem, ao despedir-se do sol frio e gasto, há de ter um relógio na algibeira, para saber a hora exata em que morre.

Naquela noite não padeci essa triste sensação de enfado, mas outra, e deleitosa. As fantasias tumultuavam-se cá dentro, vinham umas sobre as outras, à semelhança de devotas que se abalroam para ver o anjo-cantor das procissões. Não ouvia os instantes perdidos, mas os minutos ganhados. De certo tempo em diante não ouvi coisa nenhuma, porque o meu pensamento, ardiloso e traquinas, saltou pela janela fora e bateu as asas na direção da casa de Virgília. Aí achou ao peitoril de uma janela o pensamento de Virgília, saudaram-se e ficaram de palestra. Nós a rolarmos na cama, talvez com frio, necessitados de repouso, e os dois vadios ali postos, a repetirem o velho diálogo de Adão e Eva (ASSIS, 1981, p. 70).

A interpretação do texto elaborada pelo adolescente provavelmente não seria a mesma se estivesse vivendo em outras circunstâncias. Mas o momento lhe propiciara uma interpretação mais penosa, cuja identificação com o seu atual momento provocou certa insegurança. É evidente que muitos jovens na *onda* do crime ou na *vida loka* infelizmente não chegam a atingir o amadurecimento da idade. O envolvimento é muito grande – ou morrem em tiroteios com a polícia, ou pelas mãos de traficantes. Pesquisadores como Alba Zaluar (UERJ), José Vicente Tavares (UFRGS) e Mário Volpi

(Unicef)[4] destacam o número de mortes de jovens no Brasil, que supera o de adultos.

Outro caso semelhante foi com o adolescente Olavo, que inicialmente parecia estar tranquilo e consciente da sua condição de "preso". Sua atitude, após alguns dias, demonstrou o contrário: quase não falava, não jogava futebol, e permanecia em silêncio folheando revistas, sem comentá-las. Escolheu um livro da doutrina espírita, com o título: *O céu e o inferno* (1865), de Allan Kardec, psicografado por Francisco Cândido Xavier. Não conseguiu concluir a leitura, por ser livro volumoso e apresentar uma linguagem culta, contudo, continuava a folheá-lo. Após alguns dias, vi Olavo no isolamento clínico; ele tinha feito a "brincadeira da caneta" no dormitório, a mesma brincadeira que se faz com o "copo", chamando a intervenção dos denominados espíritos desencarnados, e teria apavorado os demais companheiros de dormitório.

Na verdade, o livro é um estudo doutrinário, que já passou da 50ª edição. A falta de esclarecimentos, acrescida da perturbação emocional do adolescente, contribuíra para condutas desajustadas, ou mesmo para chamar a atenção com a brincadeira. Mereceu, assim, a observação mais atenta da equipe técnica e dos agentes, pois o comportamento persistiu por mais alguns dias: desenhava figuras demoníacas, sorria

---

[4] Relatório do Fundo das Nações Unidas para a Infância (Unicef) informa que 38% dos adolescentes do Brasil vivem em situação de pobreza e são o grupo etário mais vulnerável ao desemprego, à violência e até a degradação ambiental, entre outros indicadores de redução da qualidade de vida. O documento informa que 81 mil adolescentes brasileiros de 15 a 19 anos foram assassinados entre 1998 e 2008. Segundo o texto, o Brasil ocupa o primeiro lugar no ranking mundial de homicídios de jovens. Consultar: <http://oglobo.globo.com/politica>. Acesso em: 25 fev. 2011.

de maneira estranha e incitava os colegas que participavam da biblioteca a se dispersarem e segui-lo nessas atitudes.

Os livros espíritas sempre foram bem-vindos pelos adolescentes e por alguns servidores, que muito os requisitam. São escritos psicografados por médiuns e creditados a vários "seres de luz", onde são tratados temas moralistas e confortantes. Os romances dessa linha geralmente são relatos que relacionam melodrama com mensagens doutrinárias. Os demais livros de cunho religioso também ocupam lugar de destaque, principalmente a Bíblia, cujo número é insuficiente, porque gostam de ler no dormitório e depois não devolvem.

O último aspecto que gostaria de considerar refere-se ao gênero da literatura infantil. Existem leitores interessados mais nas imagens que nos textos, esse aspecto tem origem em vários pontos da prática educacional. Em anos anteriores, a biblioteca Dona Margarida tinha poucos livros dessa linha, mas, com novas doações, passamos a receber gêneros diversos. Os infantis receberam atenção especial porque constatamos as preferências e atitudes infantilizadas por parte dos adolescentes. Provavelmente, por não terem vivido em plenitude a infância ou mesmo por se encontrarem nessa fase ambígua – ora criança, ora adulto. Como verifica Craidy (1998), crianças e adolescentes "uma vez colocados diante da possibilidade de ouvirem ou de lerem histórias, costumam optar pelas histórias infantis; em particular, pelos contos de fada tradicionais e pelas histórias de animais como as fábulas" (1998, p. 65).

Entre um *mundo* em processo de letramento e outro mais infantil, substitui-se o texto pela imagem, ou integram-se ambos, aguçando a criatividade. O significado é atribuído à imaginação e, nesse caso, quem desconhece o código alfabético também se torna leitor, como apresentado nos capítulos anteriores. Quem pode negar que uma criança de quatro anos que pega um livro, iniciando um discurso oral, não está lendo? É a primeira etapa para a leiturização.

Durante os anos escolares, o trabalho em sala de aula deverá estar voltado para a construção de sentido, dando-se oportunidade de perceber a escrita como significativa. Contudo, creio que o papel principal cabe à família, criando o hábito de ler livros às crianças antes de dormir, ler receitas culinárias enquanto se prepara algum prato na cozinha, ler as placas de ruas, explicar o significado dos sinais de trânsito, propiciar a interpretação de jogos, e fazer uso de muitos outros portadores de texto que preenchem a cidade. Caso contrário, futuramente o texto será visto como um conjunto de "palavras" cujo significado não interessa, e a leitura será vista apenas como uma decodificação dessas palavras.

A maior parte da nossa clientela não vivencia esses dois eventos de letramento, um dado pela família e outro pela escola. Por isso, mesmo estando na adolescência, procuram os livros infantis com desenhos de animais, personagens de contos de fadas ou heróis em quadrinhos, buscando uma identificação "infantilizada" e, ao mesmo tempo, necessária para situarem-se no nível adequado de aprendizagem.

Portanto, cria-se o novo, sempre mediado pelas específicas formas das interações sociais: "Vou levar este daqui porque tem menos coisa pra ler" (justifica o interno, ao pegar um livro infantil com imagens coloridas).

Na procura por esse gênero, um dos adolescentes escolheu *O pequeno planeta perdido*, de Ziraldo (1985), para ser entregue em três dias, mas levou muito mais. Só conseguimos reavê-lo quando o adolescente já não se encontrava mais na unidade. Quando o peguei de volta, estava com as páginas todas riscadas, algumas rasgadas e desenhos diabólicos no verso da capa. A princípio, não me espantei, achei que pela demora o livro já nem existia; infelizmente isso é comum. O que me intrigou foi o que estava escrito; na capa, além de desenhar caveiras acompanhadas da palavra "demônio", no decorrer das páginas, do total de 32, 22 estavam todas subscritas, ou seja, ele escreveu outra história baseada na história do Ziraldo, ou melhor, escreveu a sua história sob as imagens.

O interessante nessa atitude é que o adolescente escolheu, por coincidência ou não, uma história que fala de um homem que foi enviado a um planeta pequeno, perdido e distante. Era um astronauta que se sentia perdido e sozinho, pois ele já tinha percorrido todo o pequeno planeta e não tinha nada mais para fazer. Pediu socorro. Passou fome e sofreu de solidão e, ainda, importunava os habitantes do planeta Terra com seus gritos e inconformismos. Logo, foi atendido em seus pedidos e, então, ficou gordo: "a solidão o fazia comer muito chocolate". O astronauta voltou a se desesperar porque comida já não bastava – queria se ocupar com alguma coisa. Então, os habitantes da terra lhe enviaram livros, muitos livros, o qual possibilitara um silêncio que durou muito tempo. Mas as leituras também o fizeram sentir saudade, falta de alguma coisa, de uma paixão, de uma companhia. Sentia-se ainda sozinho! Foi então que os cientistas da terra enviaram a namorada do astronauta: Rosa. A partir daquele momento, o astronauta ficou muito feliz, e o pequeno planeta passou a ser habitado por um casal de apaixonados.

Analisando as imagens do livro rabiscadas à caneta e a lápis, nota-se que na página três, quando aparece o desenho do astronauta subindo ao universo, o adolescente acrescenta o desenho de uma arma na mão do personagem astronauta, além de chifres e dentes afiados, na simbologia de um monstro. Na página cinco, é escrita a palavra "bum...", que nos remete à ideia de que algo está próximo a cair no pequeno planeta, provocando um estrondo. Na página seguinte, quando o personagem astronauta grita por socorro, o adolescente acrescenta: "Mais é o Máscara. [Socorro!] Aqui não tem mulher parese atrás das gradis".

Nas páginas seguintes ele ironiza as personagens da história de Ziraldo, chamando-as de bobas e curiosas. Na página dez, conta a história que os cientistas procuram fazer algo para saciar a fome do astronauta e lhe enviam um foguete/comida em forma de um pedaço de pão francês. O adolescente aproveita e escreve: "Será que vamos mandar uma bisicleta ou uma mulher". Na página seguinte, na imagem do pão, ele escreve: "só isto é pouco". Na continuidade da leitura, o adolescente brinca com as personagens e com as falas das mesmas, ao acrescentar pensamentos em forma de palavrão e reclamações do mau cheiro. Quando aparece o astronauta gordo, ele escreve na barriga do mesmo: "Parese na FEBEM só bita". Em seguida, o personagem aparece e o leitor resolve enfeitá-lo novamente com chifres e dentes afiados.

O que chama atenção nessa ambígua história são as semelhanças entre as características da fantasia ilustrada criada por Ziraldo com as da fantasia íntima criada simbolicamente pelo adolescente interno. Ou seja, a história de um homem que chega a um planeta pequeno, perdido e distante; possivelmente esse interno tenha se comparado ao personagem. Iguala o sistema de privação de liberdade com o planeta descrito pelo autor. Relaciona heróis da televisão como o Máscara – personagem divertido, conquistador e que se esconde atrás de uma máscara enfeitiçada, interpretado pelo ator americano Jim Carrey – com o fato de não haver mulher para se conquistar ali onde se encontra. Assemelha pontos dessa história com a sua própria história: estar preso, sozinho e sem nada para fazer, a não ser esperar pelo cumprimento da medida, como mostra a página vinte, onde ele continua a escrever: "só na moleza". É lamentável, mas é assim que muitos se sentem, quando não há atividades para se realizar como cursos profissionalizantes, oficinas, ou algo que possa ser útil para o futuro.

Na página catorze, a figura do astronauta gordo sentado em cima do pequeno planeta, que mais parece uma laranja, reporta-nos às dezenas de comentários e brincadeiras realizadas pelos internos e socioeducadores da instituição: "Voltando só pela bita!", ou: "Ó dona, este aqui só tá por causa da bita" (gíria que significa comida, devido aos comentários antigos sobre a qualidade da comida da Febem que parecia brita [pedra moída]. De tanto repetirem acabou ficando "bita"). Na realidade, é comum falarem mal das refeições porque não estão acostumados com cardápio mais variado e coloridos, inclusive colocam toda a salada no lixo.

Vale ressaltar que, quando os internos ingressam na unidade de triagem e recepção, geralmente chegam magros, cansados, sujos, às vezes maltrapilhos e machucados (agressões em consequência dos delitos) ou feridos por arma de fogo. Após um mês, aumentam de peso, apresentam-se mais sadios, então, se comenta que isso é resultado da alimentação fornecida ou de estarem mais sedentários. Os reincidentes ironizam: "só pela bita"; mas, por incrível que pareça, alguns afirmam que lá fora, infelizmente, poderá estar pior.

De volta à história do astronauta, na página vinte e três, aparece o personagem cantando solitário e sentindo falta da companheira. Na página seguinte, o mesmo surge tocando violão, sem que o instrumento esteja em suas mãos. Nosso leitor aproveita e desenha uma espingarda em substituição ao violão. O que retrata claramente a realidade violenta a que está submetido e as tensões vividas e refletidas de várias formas. Todavia, nosso adolescente leitor aceita o final da história. Ele concorda com a vinda da Rosa, a namorada do astronauta, pois o personagem de Ziraldo fez com que todo o "mundo", e também um grupo de cientistas que vivia no planeta Terra, enxergasse que ele tinha necessidade de alimentação, ocupação (com livros, por exemplo) e, também, de uma companheira.

A relação que esse interno criou, observando os mecanismos que buscou para comparar semelhantes vivências com a história lida, deixa entender que ele desejava chamar a atenção das pessoas e, principalmente, de "um grupo de técnicos/analistas vivendo em outro planeta", para pedir que estes o livrem da ociosidade e da solidão, e que encontrem maneiras de trazer a mãe ou namorada para o "interno astronauta".

Essa comunicação expressiva e interativa que é a leitura, é a mesma pela qual se partilham coisas simples, que são evidentes, que são saberes, informação e, que cada um conhece, é a base da socialização para todos, como afirma Jean Hébrard (2002, p. 162). Nessa perspectiva, o autor acredita que a literatura infantil faz parte de saberes construídos pela escola e que livros como *Pinóquio, Alice no País das Maravilhas,* e tantos outros, representam grandes textos da cultura universal.

Para finalizar, Hébrard afirma que a presença da literatura na escola é fundamental:

> Eu preferia uma escola sem alfabetização e com literatura, do que uma escola com alfabetização perfeita, mas sem literatura. Porque não há problema de alfabetização com a mídia contemporânea, com o rádio, a televisão... (HÉBRARD, 2002, p. 162).

Um exemplo de diálogo entre culturas são as visitas de escritores na unidade, com o projeto "A Feira vai à Fase" em parceria com a Câmara Rio-grandense do Livro. Promove-se aos adolescentes uma integração, não comum para muitos deles, propiciando formas de reciprocidade. Através dessa iniciativa, o interno Davi e o poeta João Machado partilharam de um momento particular. O autor alfabetizou-se aos 14 anos e tem uma história de vida interessante. João tem uma oficina de sapatos que divide com o espaço dos livros, além de ser poeta e declamador nas horas vagas. Davi ficou admirado com a história ouvida, mesmo porque, é raro conhecer alguém que se alfabetiza tardiamente e se torna poeta, tendo até livro editado. O adolescente ganhou um livro de João autografado. Enquanto cumpriu medida socioeducativa, foi considerado ótimo aluno pelos professores.

Situação semelhante ocorreu com Silas, de 18 anos de idade, que gostava muito de participar dos encontros com os autores. Tendo participado das duas oficinas anteriores da poeta gaúcha Célia Maria Maciel, sempre procurava saber quando ela viria visitá-los novamente, pois era reincidente pela décima sétima vez. Das dezoito entradas, em uma delas ficou internado um ano e dois meses, por tentativa de homicídio, junto a outro adulto que cumpria pena em presídio, e em duas delas ele completou seis meses. As outras duraram de três a quatro meses, sendo uma por porte ilegal de arma e as demais por regressão de medida, ou seja, por não ter cumprido a prestação de serviço na comunidade que lhe fora destinada.

Ganhara um livro autografado por Célia, e gostava de olhar sua foto no porta-retratos da biblioteca. Mesmo quando não queria participar das atividades, vinha sempre nos cumprimentar. Os técnicos diziam que ele progredira bastante nos últimos meses de internação.

Com o adolescente Jeremias[5] a experiência foi diferenciada, pois o interno não conhecia o escritor Carlos Urbim, autor de um livro que o adolescente tanto apreciava, apesar de o escritor já ter visitado a unidade na Semana do Livro de Monteiro Lobato, realizada no instituto.

Carlos Urbim é jornalista, prosador e poeta. Conhecido pelas minisséries da RBS e por seus livros, que recontam a história dos gaúchos. Quando esteve em visita à unidade, doou à biblioteca dois volumes da obra *Rio Grande do Sul – um século de história*, ambos com dedicatória. Os livros têm local de destaque na prateleira por serem bonitos, volumosos (ambos em torno de 400 páginas), e trazerem as histórias do povo gaúcho. Sabe-se que não é frequente o interesse dos internos por esse gênero literário, afinal, o tamanho também assusta. Mas com Jeremias foi diferente, sempre o pegava para dar uma olhada e, durante o horário do pátio, ficava lendo as histórias em silêncio.

Num desses dias, chegou para a responsável pela biblioteca e lhe perguntou se o livro que tinha em mãos era caro. Respondeu-lhe que achava que sim, em razão da espessura, da qualidade da folha, do talento do escritor etc. Jeremias, então, disse que quando saísse dali compraria o livro. A partir desse dia minha colega passou a observá-lo e notou que o adolescente gostava realmente de frequentar o ambiente de leitura. Passados alguns dias, ele contou que possivelmente seria desligado, após a audiência, e que iria para casa; tinha planos de retornar a seu antigo emprego de garçom, continuar os estudos e cuidar da filha. Falou também que gostava muito de ler e, quando trabalhava no centro de Porto Alegre, saía do serviço e ficava algum tempo na livraria, porque não tinha dinheiro para comprar livros.

---

[5] Davi, Silas e Jeremias são nomes fictícios.

Dados interessantes para um adolescente autor de ato infracional. Resolvemos telefonar ao escritor para solicitar um de seus livros e presentear esse adolescente que adorava a obra dele. Prontamente, Carlos Urbim atendeu nosso pedido e disse que podíamos buscá-lo. Assim, pedimos ao adolescente que escrevesse algo para o autor, caso conseguíssemos falar com ele pessoalmente. Jeremias escreveu uma carta; na verdade, ele não sabia que o escritor lhe presentearia com um de seus livros. Na correspondência, demonstrou admiração e gratidão. Certamente, como os demais internos, escreveu com erros, mas, no final, a mensagem compensou todos os erros gramaticais que o texto continha.

O escritor recebeu a carta em mãos, leu e a guardou. Abriu seu armário e tirou dois exemplares de suas obras que tinham virado minissérie na televisão. Em seguida, fez dedicatórias para Jeremias e elogiou o trabalho desenvolvido.

No dia seguinte, chamamos o Jeremias para a entrega dos livros. Fizemos questão de que ele lesse a carta para todos os presentes. Naquele momento, estavam a técnica responsável pelo adolescente e o agente socioeducador responsável pela ala. Jeremias não esperava a surpresa. Quando lhe entregamos o material, vivenciamos um clima de emoção diferenciada, pois não só o adolescente ficou comovido como todos nós também.

Por fim, tiramos fotos e Jeremias subiu para ala. No outro dia pela manhã, sem tempo para despedidas, o adolescente foi desligado e retornou para casa.

Eis a carta:

> Para: o Carlos Urbim
>
> Olá! Estou escrevendo esta carta para dizer o quanto gostei do livro que o senhor escreveu. Porque o seu livro é muito bom. Este livro fala sobre fatos que aconteceu na nosso. Colado asão fatos que a gente sabe que são reais. Quando estava em minha casa eu não perdia nem um capítulo da minicere os carrapos e quando eu fui preso eu fiquei muito abalado. e quando entrei na biblioteca a me deparei com este livro e comecei a ler não queria mais parar quando eu leio este livro eu me sinto em outro lugar parece que estou dentro da história.
> Aqui não tá atividades que eu gosto muito a não ser ler eu quer me faz esquecer as coisas é fas pasar o tenpo mais rápido é ler o seu livro Agradeso pelo senhor existir e me fazer através de suas estorias esqueser de momentos ruins da minha vida
>
> D. 06/06/03

6
AMBIENTE LETRADO... AGORA COM NOVOS CONVIDADOS!

Se o raio não queimou
Se o gado não comeu
Em cima daquele morro
Tem o capim que nasceu.
Subi na serra do fogo
Com sapato de algodão
O sapato pegou fogo
E eu voltei de pé no chão.
O que é o que é:
Essa respondo cantando,
O que poderá ser
Um monte de letrinhas voando?

Na bibliotequinha a ordem é ler e escrever, mas alguns também gostam de desenhar, como referido anteriormente. O incomum é que os desenhos servem de comunicação e são usados por um grupo muito especial que, além do lápis colorido, gostam de ouvir histórias, se divertem com contos e jogos, como veremos a seguir.

Através do evento O Dia da Família na Escola, foi possível receber os familiares dos internos, com a intenção de conhecerem onde, provisoriamente, seus filhos estavam estudando.

Para isso, escolheu-se um dia de visita em que crianças e familiares dos internos pudessem entrar na unidade.

Há um limite quanto ao número de visitantes que a unidade pode receber, havendo uma vez por semana a permissão da entrada de menores de 18 anos, desde que possuam documentação e autorização dos devidos responsáveis.

A escola programou atividades a serem apresentadas em cada sala de aula pelo professor da disciplina. Assim, em cada uma havia a apresentação de um tema: feminismo, saúde, pontos geográficos, violência nas ruas etc. Enfim, foram esses os temas que os alunos da escola, internos do centro, trabalharam naquele período. As crianças que entraram acompanhadas de seus familiares ficaram aos cuidados de uma professora fantasiada de bruxa, que contou histórias e fez brincadeiras. Concomitantemente, na biblioteca, ocorriam outras atividades para as crianças, com o uso de massa de modelar, giz de cera, papéis, lápis e livros infantis. Minha colega e amiga, também responsável pelas atividades na biblioteca e com larga experiência com grupos infantis, achou o resultado do encontro muito interessante. A partir de algumas avaliações, resolvemos estender a ideia e abrir a biblioteca uma vez por semana, ou seja, em dia de visita, quando é autorizada a entrada das crianças.

Cabe lembrar que em dia de visita as atividades na unidade são restritas, com exceção do atendimento básico, porque "os olhos estão todos direcionados para o pátio", onde os adolescentes recebem seus visitantes. O pedido para abertura da biblioteca nas terças-feiras, para atender as crianças visitantes, foi bem-aceito pela direção e também pelo restante dos agentes socioeducadores que, no início, estranharam, mas depois apreciaram a iniciativa. Passamos a abrir a biblioteca somente para as crianças nas tardes de visita.

A partir das 13h30, quando os familiares atravessam o portão de acesso, observamos se há crianças acompanhando-os. Aguardamos os pequenos serem recebidos e fazerem o lanche, porque, segundo algumas mães, muitas famílias saem cedo de casa para pegar uma ficha, que é distribuída pela manhã por ordem de chegada. Caso contrário, o tempo para ver o interno torna-se curto, devido à quantidade de pessoas que entram nesses dias. A demora acontece em consequência dos procedimentos de segurança, sem os quais não é permitida a entrada do visitante, salvo em situações especiais.

Não raro, ocorre de às 7h já haver familiares esperando pela ficha. E assim, aguardam por toda a manhã, fazem uma refeição por ali mesmo e esperam a hora de entrada. O lanche trazido pelas visitas é regrado: salgadinhos embalados e lacrados ou biscoitos sem recheio; refrigerante lacrado em garrafas descartáveis, peças de roupa autorizadas e folhas e linhas coloridas para o artesanato.

No processo de entrada é necessária a revista íntima dos visitantes (vistoria). Roupas, calçados e lanches passam por uma vistoria. Logo após, quando a maioria dos familiares já se encontrava no pátio, convidávamos as crianças para visitar a biblioteca. Algumas mães estranhavam o convite, mas, quando viam outras crianças participando, acabavam permitindo que seus filhos também participassem.

O número de crianças variava conforme o clima: quando estava chovendo, as mães evitavam trazê-las, porém, quando o dia estava ensolarado, o pátio ficava *colorido* delas, de todas as idades. Para a criança participar da atividade lúdica tinha de no mínimo já saber andar, pois ficava inviável oferecer atendimento aos maiores, caso houvesse muitas crianças pequenas para dar atenção. Aos poucos, meninos e meninas iam entrando e deixando a sala mais animada.

Para dar início ao projeto, tivemos que abastecer a biblioteca com brinquedos, jogos pedagógicos e livros de literatura infantil – tudo proveniente de doação. Durante a atividade, eram distribuídas folhas de ofício, lápis colorido e massa de modelar; em seguida, colocavam-se no chão, junto às almofadas, brinquedos e jogos. Perguntava-se o que prefeririam fazer e, então, se iniciava a atividade com uma proposta lúdica de ensino e aprendizagem – nada de muito novo quanto a métodos pedagógicos, entretanto, para uma unidade de privação de liberdade, atender crianças com a ajuda de uma metodologia ativa e interacionista era algo inovador.

Decidiu-se investir mais na literatura infantil, deixando os livros nas primeiras prateleiras, ao alcance das crianças, o que fazia com que os adolescentes respeitassem mais esses materiais, por saber que eram de uso dos pequenos.

Para organizar os brinquedos, encapávamos caixas de calçado com folhas coloridas de velhas revistas em quadrinhos; para as bonecas foram organizados vestidos, e os jogos foram colocados em caixas e envelopes.

As histórias eram lidas conforme o interesse do grupo: líamos uma vez e, depois, geralmente, pediam-nos que as repetissem. Procurávamos, assim, incentivá-las a praticar a escrita, principalmente assinando o nome no livro de presenças; escreviam lindas cartinhas aos familiares. Ou, ainda, quando não queriam ou não sabiam escrever, faziam desenhos e os deixavam expostos com o nome do endereçado no mural ou pendurados nas estantes.

Através de jogos, brincadeiras barulhentas e fantasias de todos os tipos, as crianças praticavam e desenvolviam habilidades que iriam ser muito importantes para a vida adulta. Segundo Pellegrini (2003), ao brincarem, as crianças aprendem a arte de viver em sociedade, de dar e receber, de transformar ou diluir impulsos agressivos em risadas divertidas.

Nos encontros, ocorria algo diferenciado: havia uma atmosfera de paz e tranquilidade, algo que não acontecia quando estávamos apenas com os internos. Percebemos que o ambiente cercado pelas crianças nos trazia mais energia. A maneira doce e encantadora dos pequenos se contrapunha à ousadia dos adolescentes.

Em uma das exposições da Vitrina da Leitura, na Feira do Livro de Porto Alegre, organizamos dois arquivos, um com os trabalhos dos adolescentes e outro com os das crianças, ambos inseridos no projeto "Vivenciando Livros e Sonhos".

Agrupávamos os desenhos e realizávamos entrevistas abertas com as crianças. A partir desses depoimentos, surgiram algumas surpresas agradáveis, como, por exemplo, quando perguntamos a Felipe, um menino loirinho de 4 anos que desenhou alguns riscos e pontos, o que significava seu desenho: respondeu-nos que era um carro, e desculpou-se por não ter desenhado direito a porta.

Havia crianças que nos ofertavam seus desenhos, ou, quando tinham outras habilidades, possivelmente aprendidas na escola, nos presenteavam com alguma dobradura ou com uma bela mensagem. Em contrapartida, outras, nas primeiras visitas à biblioteca, mal escreviam o nome ou sequer seguravam direito o lápis, mas depois de alguns encontros começavam a escrever algumas palavras.

De maneira simples e receptiva, conseguíamos cativar tanto os internos quanto os familiares, através das crianças, assim como os servidores e colaboradores para alguns eventos. Um desses foi a pequena festa de Natal realizada para os pequenos na biblioteca, com direito à pipoca doce, balas, cachorro-quente, refrigerante, música, hora do conto, balões e presentes. As pipocas foram feitas pelo cozinheiro da unidade; o cachorro-quente e a bebida foram doados pela empresa de alimentação que fornece refeições aos internos; os doces e as embalagens foram oferecidos pelo pessoal da biblioteca. "A hora do conto" foi oportunizada por uma voluntária, oficineira de artes. Os presentes foram doados por um grupo de pessoas amigas. Houve até costureira que confeccionou vestidos para as bonecas. O encontro foi muito divertido.

Durante os preparativos para a festa, tivemos vontade de presentear uma das meninas, de 6 anos de idade, irmã de um dos internos, com uma das bonecas, pois o irmão havia nos relatado que a irmãzinha nunca tivera uma. Resolvemos presenteá-la dias antes da nossa festa natalina, porque o irmão seria transferido na semana. Sua surpresa foi imensa, quando recebeu o presente.

Passados seis meses, não tivemos a chance de ver a menina novamente, nem mesmo soubemos notícias de seu irmão. No entanto, certo dia, quando eu e minha colega saíamos para o almoço, avistamos de repente uma mulher correndo em nossa direção que, abrindo os braços, abraçou a minha colega e lhe deu um beijo no rosto dizendo: "Este foi a minha filha quem mandou para ti".

Com esse episódio, tivemos a certeza da extensão desse trabalho, avaliando positivamente as formas de letramento oportunizadas na biblioteca. Cabe salientar que, no período de atendimento às crianças, tivemos a participação de 155 delas, que puderam receber, através dos portões do Centro de Internação Provisória, um tratamento diferenciado, fazendo que tivessem outra ideia do local onde estavam temporariamente seus pais ou irmãos. Lembro-me de que, quando foi sugerido às crianças que dissessem como se sentiam dentro da biblioteca, uma das meninas, de 7 anos de idade, respondeu: "Bom, nas outras casas que eu fui não tinha isto aqui... quando eu ia visitar o meu pai na prisão".

A biblioteca passa a ter um caráter público dentro da própria instituição. Local que facilita o intercâmbio de informações, a reciprocidade, a aprendizagem, favorecendo a convivência entre os diferentes indivíduos que dela participa. Como afirmam Heloysa Pinto e Elisabeth Prado, a escrita nesse ambiente tem uma dimensão afetiva, cognitiva e social, em que os eventos de letramento também possibilitam dar expressão escrita a sentimentos de hostilidade, os quais parecem com isso se dissipar, como instrumentos de superação.

***

Durante a produção deste livro, as reflexões permearam a pedagogia freireana, apesar de pouco citá-las. Paulo Freire, em *Pedagogia da autonomia*, diz que mal se imagina o que pode representar na vida de um aluno um simples gesto do professor, o que um gesto aparentemente insignificante pode representar como força formadora ou como contribuição ao educando por si mesmo.

Muitos dos adolescentes e jovens que saem da fundação tentam retomar suas vidas, reconstruí-las. Vejo-os trabalhando, circulando pelas ruas, e alguns infelizmente vagando nas esquinas. Mas todos, sem exceção, vêm me cumprimentar, me chamam de dona – a dona da biblioteca – e lembram as pequenas ações que fizeram a diferença naqueles dias.

Para encerrar, convido o leitor a ler com *outro olhar* o poema de Josemar Vieira, que recebeu do poeta Fabrício Carpinejar o apelido de *Jó* – jovem tímido, de 17 anos, emotivo e romântico, que soube desvendar sentimentos tão obscuros e intrigantes como a fase adolescente:

Hoje pela primeira vez
Senti vontade de chorar...
Por aqueles que não choram
Pois suas lágrimas secaram
Na fonte da dor.
Senti uma imensa angústia
E uma saudade sem explicação
Senti-me privado de minha liberdade
Senti vontade de gritar!!
Mas, sabia que ninguém me ouviria,
Tudo isto por causa de uma dor...
De um vazio...
Que arde loucamente dentro do meu peito.
Senti saudade de alguém distante
Alguém sem forma, sem cor
Sem nome, até sem alma.
E procurei na escuridão do quarto seus olhos,
Só pra mim,
E procurei na escuridão do quarto
O seu sorriso,
E nada encontrei...
Até mesmo meus sonhos
Aqui dentro são lentos!
Tal como plantas viscosas que rastejam
Pelo muro da prisão.
Chego a conclusão:
Um dia de felicidade dura tão pouco,
Porém, um minuto de solidão
Parece não ter fim.
É assim que me sinto.
Só e isolado do resto do mundo
Sem ninguém, sem mim mesmo.
Só com esta louca ansiedade
De estar perto de alguém
Que nem mesmo
Eu sei quem

(BERNY, 2007, p. 195).

REFERÊNCIAS BIBLIOGRÁFICAS

ABRAMOVICH, F. *Caminhos cruzados*. São Paulo: Ática, 2004.
AMADO, Jorge. *Capitães da Areia*. Rio de Janeiro: Record, 1982.
ARENDT, Hannah. *Sobre a violência*. Rio de Janeiro: Relume/Dumará, 1994.
ASSIS, Machado de. *Memórias Póstumas de Brás Cubas*. São Paulo: Ática, 1981.
AZEVEDO, Ricardo. *Bazar do Folclore*; tradição popular. São Paulo: Ática, 2001.
BERNY, Rossyr (org.). *Poetas pela paz e justiça social*. Porto Alegre, Editora Alcance, 2007, p. 195.
BRASIL. Presidência da República. Secretaria Especial dos Direitos Humanos. Conselho Nacional dos Direitos da Criança e do Adolescente. Sistema Nacional de Atendimento Socioeducativo (SINASE). Brasília-DF: Conanda, 2006.
CAVALCANTI, Joana. *Literatura infantil*; leitura e pluralidade cultural. São Paulo, *Páginas Abertas*, ano 28, n. 15, pp. 7-50, 2002.
COLASANTI, Marina. *E por falar em amor*. São Paulo: Círculo do Livro, 1984.
CORA CORALINA. Vintém de cobre; meias confissões de Aninha. 8. ed. Global: São Paulo, 2001, *pp.151-152*.
CRAIDY, Carmem Maria. *Meninos de rua e o analfabetismo*. Porto Alegre: Artes Médicas, 1998.
ECA – Estatuto da Criança e do Adolescente. Lei n. 8.069, 13 jul. 1990.
FEBEM-RS. Avaliação do Impacto da Constituição do Sistema Integrado de Atendimento ao Adolescente Autor de Ato Infracional no Estado do Rio Grande do Sul sobre o Perfil de seu Destinatário. Porto Alegre: Assessoria de Planejamento e Pesquisa, 1999.

FELTES, André. Oficinas orientam internos da FEBEM. Porto Alegre, *Diário Gaúcho*, 1o set. 2000 (Movimento hip-hop – parte IV).

FERNANDES, Francisco. *Dicionário Brasileiro Globo*. São Paulo: Globo, 1991.

FOUCAMBERT, Jean. *A leitura em questão*. Porto Alegre: Artes Médicas, 1994.

FOUCAULT, Michel. *Vigiar e punir*; nascimento da prisão. Petrópolis: Vozes, 1987.

FRANTZ, Maria Helena Zancan. *O ensino da literatura nas séries iniciais*. Ijuí: Ed. Unijuí, 1997.

FREIRE, Paulo. O papel do educador: palestra de Paulo Freire. *Documentos FEBEM-SP*, n. 2. São Paulo, 15 jun. 1984.

GOFFMAN, Erving. *Manicômios, prisões e conventos*. São Paulo: Perspectiva, 2001.

GOULART, Cecília M. A. *Letramento e polifonia*; um estudo de aspectos discursivos do processo de alfabetização. *Revista Brasileira de Educação*, Rio de Janeiro, n. 18, set./dez. 2001.

GOVERNO DO ESTADO DO RIO GRANDE DO SUL. Secretaria do Trabalho, Cidadania e Assistência Social. Fundação Estadual do Bem-Estar do Menor. Programa de Execução de Medidas Socioeducativas de Internação e Semiliberdade do Rio Grande do Sul (PEMSEIS). Porto Alegre, abr. 2002.

HÉBRARD, Jean. Entrevista com Jean Hébrard (concedida a Carmem Maria Craidy). *Educação e Realidade*, Porto Alegre, v. 26, n. 2, pp. 157-165, jul./dez. 2001.

KLEIMAN, Ângela (org.). *Os significados do letramento*; uma nova perspectiva sobre a prática social da escrita. São Paulo: Mercado de Letras, 2001.

LAHIRE, Bernard. *Sucesso escolar nos meios populares*; as razões do improvável. São Paulo: Ática, 1997.

LER é um remédio. *Jornal Zero Hora,* Porto Alegre, Caderno Vida, 20 abr. 2013, p. 8.

MAGALHÃES, Izabel. *Práticas discursivas de letramento*; a construção da identidade em relatos de mulheres. In: KLEIMAN, Ângela (org.). *Os significados do letramento*. São Paulo: Mercado de Letras, 1995, pp. 201-238.

MARCHI, Diana Maria. A literatura e o leitor. In: NEVES, Iara; SOUZA, Jusamara. SCHFFER, Neiva; GUEDES, Paulo; KLUSENER, Renita. *Ler e escrever*; compromissos de todas as áreas. Porto Alegre: Ed. da Universidade UFRGS, 1999.

MORIN, Edgar. *Amor, poesia e sabedoria*. Rio de Janeiro: Bertrand Brasil, 2001.

MARTINHO, Helena; SILVEIRA, Núbia. *Ninguém acreditava*. Porto Alegre: Calábria, 2003.

NEVES, Iara Conceição Bitencourt. Ler e escrever na biblioteca. In: NEVES, Iara Conceição Bitencourt. *Ler e escrever*; compromisso de todas as áreas. Porto Alegre: Ed. da Universidade UFRGS, 1999.

OLIVEIRA, Carmen Silveira de. *Sobrevivendo no inferno*. Porto Alegre: Sulina, 2001.

OUTEIRAL, José Ottoni. *Adolescer*: estudos sobre adolescência. Porto Alegre: Artes Médicas, 1994.

PELLEGRINI, Luis. Brincar é fundamental. *Planeta*, São Paulo, ano 31, n. 7, pp. 42-47, jun. 2003.

PERALVA, Angelina. *Violência e democracia*; o paradoxo brasileiro. São Paulo: Ed. Paz e Terra, 2000.

PINTO, Heloysa de Souza; PRADO, Elisabeth Camargo. Alfabetização: responsabilidade do professor ou da escola? In: AZEVEDO, Maria Amélia; MARQUES, Maria Lúcia (org.) *Alfabetização hoje*. São Paulo: Cortez, 1994, pp. 93-111.

SILVESTRIN, Ricardo. Jorge Ben e a Febem. *Jornal Zero Hora*, Porto Alegre, Segundo Caderno, 8 jun. 2002, p. 3.

SOARES, Magda. *Letramento*; um tema em três gêneros. Belo Horizonte: Autêntica, 2001.

TFOUNI, Leda Verdiani. *Letramento e alfabetização*. São Paulo: Cortez, 1997.

_____. *Adultos não alfabetizados*; o avesso do avesso. Campinas: Pontes, 1988.

UNIVERSIDADE FEDERAL DO RIO GRANDE DO SUL. Faculdade de Educação. Programa de Pós-graduação em Educação; orientações para elaborações de trabalhos acadêmicos: teses, dissertações e outros. Porto Alegre, jan. 2003.

URBIM, Carlos. *Morro Reuter*; de A a Z. Porto Alegre: RBS Publicações, 2003.

VARELA, Dráuzio. *Estação Carandiru*. São Paulo, 2002.
VELHO, Gilberto. Observando o familiar. In: NUNEZEN (org.). *A aventura sociológica*. Rio de Janeiro, 1978. pp. 121-132.
VINÃO FRAGO, Antônio. *Alfabetização na sociedade e na história*; vozes, palavras e textos. Porto Alegre: Artes Médicas, 1993.
WILDE, Oscar. *A alma do homem sob o socialismo*; escritos do cárcere. Porto Alegre: L&PM, 1996.
ZIRALDO. *O pequeno planeta perdido*. História original de Mino. 11. ed. São Paulo: Melhoramentos, 1985 (Série: Mundo Colorido).

Fontes consultadas

ASSIS, Simone Gonçalves. *Traçando caminhos numa sociedade violenta*; a vida de jovens infratores e seus irmãos não infratores. Rio de Janeiro/Brasília: Fiocruz – Claves/Unesco, 1999.
CAMPOS, Arnaldo. *Breve história do livro*. Porto Alegre: Mercado Aberto/Instituto Estadual do Livro, 1994.
CARONE, Silvia. *Não é brinquedo não*. São Paulo: Marie Claire, 2002, pp. 42-47.
CHARLOT, Bernard. *Da relação com o saber*; elementos para uma teoria. Porto Alegre: Artes Médicas Sul, 2000.
DURANTE, Marta. *Alfabetização de adultos*; leitura e produção de textos. Porto Alegre: Artes Médicas, 1998.
FONSECA, Claudia. *Família, fofoca e honra*; etnografia de relações de gênero e violência em grupos populares. Porto Alegre: Ed. Universidade UFRGS, 2000.
FREIRE, Paulo. *Pedagogia do oprimido*. Rio de Janeiro: Paz e Terra, 1985.
_____. *Pedagogia da autonomia*. Rio de Janeiro: Paz e Terra, 1987.
GOFFMAN, Erving. *Estigma*: notas sobre a manipulação da identidade deteriorada. Rio de Janeiro: Zahar Editores, 1982.
LOBATO, Eliane. Geração letrada. *Isto É*, São Paulo, pp. 105-106, 16 out. 2002.

MORIN, Edgar. *Os sete saberes necessários à educação do futuro*. São Paulo/Brasília, Cortez/Unesco, 2000.
NALIO, Alessandra. Vozes da prisão. *Isto É*, São Paulo, pp. 46-47, 10 abr. 2000.
REVISTAS DAS CIÊNCIAS. Estudo vai mapear cérebro de homicidas: projeto de universidades gaúchas examinará mais de 50 menores infratores para investigar base biológica da violência. 26 nov. 2007.
ROSA, Cristina Maria (org.). *Alfabetização e cidadania*; o inverso do espelho na educação de jovens e adultos. Pelotas: UFPel, 2002.
SOUZA, Jusamara. Hip-hop: da rua para a escola. In: FIALHO M., Vania; ARALDI, Juciane. 3. ed. Porto Alegre: Sulina, 2008 (Coleção Músicas).
WALCOTT, Derek. Entrevista concedida a Melanie Rehak (*The New York Times Magazine*). Em momentos críticos, é preciso ler poesia. Porto Alegre, *Jornal Zero Hora*, Caderno Cultura, p. 3, 8 jun. 2002.
ZANCHETTA, Sônia. Feira vai à FEBEM. *Folha do Livro*, Porto Alegre, n. 31, dez/2001, p. 5 (Vitrina da Leitura).

Sites

www.scielo.br/scielo. A biologia na violência. Renato Zamora Flores. São Paulo, Ciênc. Saúde Coletiva, v. 7, n. 1, 2002, Acesso em: 14 de abril de 2013.
www.blogdogaleno.com.br. Presos em unidades federais poderão diminuir pena com horas de leitura, por Marcos Chagas. Agência Brasil. Acesso em: 22 jun. 2012.
http://haznos.org/2013/02/leia-um-livro/#more-75078. Imagem selecionada do concurso de chargista no Irã sobre o incentivo para leitura. Acesso em: 25 fev. 2013.
http://www.diariosp.com.br/blog/detalhe/17597/o-valor-da-memoria. Hip-hop, educação e poder: o rap como instrumento de educação não formal. Diário de S. Paulo, on-line, 2013. Fonte: UFBA – Universidade Federal da Bahia. M585, por Ivan dos Santos Messias. Acesso em: 10 mar. 2013.

Impresso na gráfica da
Pia Sociedade Filhas de São Paulo
Via Raposo Tavares, km 19,145
05577-300 - São Paulo, SP - Brasil - 2015